EVA-MARIA BAST | HEIKE THISSEN

Regensburger
Geheimnisse

UND ANDERE SPANNENDE GESCHICHTEN
AUS DER OBERPFALZ

Mittelbayerische

Bast, Eva-Maria; Thissen, Heike
Regensburger Geheimnisse und andere spannende Geschichten
aus der Oberpfalz

MITTELBAYERISCHE ZEITUNG in Kooperation mit:
Bast Medien Service, Münsterstr. 35, 88662 Überlingen
(verantwortlich)
2. Auflage 2015.
ISBN: 978-3-9816796-4-9

Copyright: Bast Medien Service
Lektorat: Lena Bast
Covergestaltung: Jarina Binnig, Cornelia Müller
Layout: Homebase – Kommunikation & Design, Jarina Binnig
Grafik: Stefanie Kerstan, Jessica Steller
Satz: Homebase – Kommunikation & Design
Druck: werk zwei Print+Medien Konstanz GmbH

Ein Titel aus der preisgekrönten Reihe „Geheimnisse der Heimat"

Inhalt

Vorwort	7
Die Autorinnen	9

.... REGENSBURG ....

01. Geheimnis
Fackellöscher – Vorsicht mit offenem Feuer!   10

02. Geheimnis
Bauinschrift – Was von einer großen Angst geblieben ist   13

03. Geheimnis
Schulter Mariens – Ein steinerner Blumengruß   16

04. Geheimnis
Eisenkette – Gewichtiger Schutz für den Kaiser   22

05. Geheimnis
Dämonengesicht – Sieg des Glaubens über das Dunkle   25

06. Geheimnis
Domstufen – Die letzten Spuren der Panzerkrebse   28

07. Geheimnis
Mühlespiel – Zeitvertreib und ein sicherer Zufluchtsort   31

08. Geheimnis
Zur schönen Gelegenheit – Eine Straße mit zweideutigem Namen   34

09. Geheimnis
Erker am Alten Rathaus – Lange Bänke, regnende Münzen   37

10. Geheimnis
Tor – Das Leben siegt über den Tod   42

11. Geheimnis
Klappe – Straßenbahnmotor unterstützt Schiffe   45

12. Geheimnis
Steigbügel – Als die Kirche noch ein Pferdestall war   48

13. Geheimnis
Tunnelinschrift – Die Verräter in letzter Minute gestoppt 52

14. Geheimnis
Hund und Schwein – Tierische Abbildungen im Gotteshaus 56

15. Geheimnis
Alte Hausnummer – Wichtiger Hinweis für die Feuerwehr 59

16. Geheimnis
Obelisk – Krone über dem Initial 61

17. Geheimnis
Steinkreuz – Sühne für einen schrecklichen Mord 64

18. Geheimnis
Hundsumkehr – Bis zum Ende und nicht weiter 68

19. Geheimnis
Fürst der Welt – Verführer mit Apfel und Schlange 72

20. Geheimnis
Steinerne Semmeln – Junges Leben endet in schmaler Gasse 76

21. Geheimnis
Katharina im Stein – Für die Tochter des Hauses 79

22. Geheimnis
Steinmetzzeichen – Fleißige Männer und ein prachtvoller Bau 81

23. Geheimnis
Turm – Im Bild wiederauferstanden 84

24. Geheimnis
Linde – Zeitzeuge durch viele Jahrhunderte 87

25. Geheimnis
Alte Stadtmaße – Eisen, Henker und Pralinen 90

26. Geheimnis
Lichterker – Kamin mit Vogelhäuschen 94

27. Geheimnis
Gestraucheltes Tier – Ein Stein auf Wanderschaft 97

28. Geheimnis
Brunnen – Mit heiligen Händen gegraben   99

29. Geheimnis
Jüdischer Grabstein – Stille Mahnung am Roten Herzfleck   102

AMBERG

30. Geheimnis
Bastardbalken – Öffentliches Zeichen eines Seitensprungs   104

31. Geheimnis
Bodenplatte – Drei Kreuze für die Toten des Amberger Aufruhrs   108

32. Geheimnis
Engelsköpfe – 33 aufmerksame Torhüterinnen   112

33. Geheimnis
Wetzrillen – Mittel zum Heilen und Putzen   115

CHAM

34. Geheimnis
Biertor – Das unbezwingbare Wahrzeichen von Cham   119

35. Geheimnis
Hebräische Inschrift – Zur Erinnerung an Mirjam und andere Juden   122

36. Geheimnis
Eiserner Ring – Einlass für Arme, Kranke und Kunstliebhaber   126

ITTELHOFEN

37. Geheimnis
Epitaph – Die Hofmarksherren und ihre Totenruhe   130

38. Geheimnis
Weiße Marter – Trost und Schutz für ängstliche Kinder   133

LAPPERSDORF

39. Geheimnis
Eisenkreuz – Hoffnungszeichen für die Lebensmüden   136

40. Geheimnis
Gockelbrunnen – Erinnerung an eine grausame Tradition   140

NEUMARKT

41. Geheimnis
Stele – Ein Rad für Eppelein von Gailingen — 143

42. Geheimnis
Hutmachergasse – Vom Aufstieg und Niedergang eines Handwerks — 146

43. Geheimnis
Mikwe-Fenster – Erinnerung an die Neumarkter Juden — 150

NEUNBURG

44. Geheimnis
Druidenstein – Mystische Kultstätte oder Steinhaufen? — 154

REGENSTAUF

45. Geheimnis
Ehemalige Mühle – Das Wohnhaus der Regenstaufer Hexe — 157

46. Geheimnis
Aussichtsturm – Einziges Zeichen von großen Plänen — 160

WEIDEN

47. Geheimnis
Hamsterfigur – Vom harten Kampf ums tägliche Brot — 163

48. Geheimnis
Pflasterstein – Eine Glocke geht auf Reisen — 166

49. Geheimnis
Schärtel-Schriftzug – Leberkässemmeln für Max Reger — 169

50. Geheimnis
Zeigefingerrelief – Ein Konflikt mit weitreichenden Folgen — 172

Literatur, Quellen und Fotos — 176

Stadtplan mit den Geheimnissen — 184

Vorwort

*E*s gibt nicht wenige Menschen, die der festen Überzeugung sind, Regensburg sei die schönste Stadt der Welt. Regensburger selbst würden so etwas natürlich nie selbst sagen, höchstens mit einem Augenzwinkern. Aber auch wenn man die Superlative aus guten Gründen mal ganz bei Seite lässt: Ziemlich faszinierend ist diese Stadt in jedem Fall. Und als wäre dies nicht genug, liegt Regensburg auch noch in einem Landstrich, der von Geschichte und vielen Geschichten nur so strotzt. Die Journalistinnen Eva-Maria Bast und Heike Thissen haben sich auf die Suche nach den Geschichten, den Geheimnissen, gemacht, und es ist ihnen etwas ganz Besonderes gelungen: Sie haben 50 Überbleibsel aus der Vergangenheit gefunden, Hintergründe recherchiert und an sehr vielen Stellen auch Einheimische aufgetan, die in Verbindung zu diesen Geschichten stehen. Der ganz spezielle Blick der beiden Autorinnen auf die großen und kleineren Geheimnisse sorgt dafür, dass dieses Buch – in Zusammenarbeit mit der Mittelbayerischen Zeitung entstanden – nicht nur für Touristen oder Historiker spannend ist. Auch die meisten Einheimischen werden hier eine ganze Reihe von Aha-Erlebnissen haben, Neues entdecken und Antwort bekommen auf lange gestellte Fragen. Vielleicht haben Sie sich ja schon immer gefragt, warum es in Regensburg so viele ebenso hübsche wie außergewöhnliche Straßennamen wie *Zur schönen Gelegenheit* gibt? Und vielleicht weiß der ein oder andere Oberpfälzer ja auch nicht, warum der berühmte grüne Tisch und die nicht minder bekannte lange Bank ganz eng mit der Bezirkshauptstadt verbunden sind. Auch die Frage wird beantwortet, was ein Hund und ein Schwein in einem Gotteshaus zu suchen haben. Schon diese Beispiele zeigen: Das Buch steckt voller Geschichten, die Regensburg und die Oberpfalz charakterisieren, wie die Stadt und die Region eben sind. Mal lustig und mal traurig, mal kriegerisch und mal friedlich, mal fürstlich und mal sehr erdverwachsen. Es ist ebenso der Blick in die beeindruckende mittelalterliche mit dem Welterbe-Siegel geschmückte Hauptstadt wie hinter die oft rauhe Schale dieser Region. „Regensburger Geheimnisse und andere spannende Geschichten aus der Oberpfalz" ist lebendig gewordene Geschichte und erklärt gleichzeitig, fast schon nebenbei, warum die Menschen in Stadt und Land hier sind, wie sie eben sind. Fast schon ein Lehrbuch, auf jeden Fall ein Buch mit hohem Unterhaltungswert.

Ihr

Holger Schellkopf
Stellvertretender Chefredakteur
Mittelbayerische Zeitung

Die Autorinnen

Eva-Maria Bast, Jahrgang 1978, arbeitet seit 1996 für verschiedene Zeitungen und Magazine. 2011 gründete sie mit Heike Thissen das Journalistenbüro „Büro Bast & Thissen", das 2013 erweitert wurde und sich nun „Bast Medien Service" nennt. Eva-Maria Bast initiierte und schreibt die Buchreihe „Geheimnisse der Heimat", die 2011 startete, rasch zu einem regionalen Bestseller wurde und die 2015 in 22 Bänden vorliegt. 2012 wurde die Tageszeitung Südkurier für die Geheimnis-Reihe mit dem Deutschen Lokaljournalistenpreis der Konrad-Adenauer-Stiftung in der Kategorie „Geschichte" ausgezeichnet. 2012 begann Bast sich auch der Belletristik zu widmen. Mit „Vergissmichnicht" gab sie ihr Krimidebüt, „Tulpentanz" folgte ein Jahr später. Im Frühjahr 2014 erschien Teil 1 (Mondjahre) und 2015 Teil 2 (Kornblumenjahre) ihrer zeitgeschichtlichen Jahrhundertsaga. Seit Juni 2015 ist sie Gastdozentin an der Hochschule der Medien Stuttgart. Eva-Maria Bast lebt mit ihrer Familie in Überlingen am Bodensee.

Heike Thissen, Jahrgang 1980, ist seit ihrem Abitur 1999 im Journalismus zuhause. Sie hat an der Universität Leipzig und der Universidad de Valencia Diplom-Journalistik und Amerikanistik studiert und im Südkurier-Medienhaus in Konstanz volontiert. Nach mehreren Jahren als Redakteurin arbeitet sie seit 2010 als freie Journalistin für Zeitungen und Zeitschriften. Im Mittelpunkt ihrer Beiträge stehen dabei immer die Menschen, die eine lesenswerte Geschichte zu erzählen haben. 2011 schloss sie sich mit Eva-Maria Bast zum „Büro Bast & Thissen" zusammen und legt hier ihren Schwerpunkt auf die „Geheimnisse der Heimat" sowie auf Sonderveröffentlichungen, Kunden- und Mitarbeitermagazine.

Fackellöscher
Vorsicht mit offenem Feuer!

Der Stein sieht merkwürdig aus: Er liegt links des Durchgangs zum Innenhof von Haus Heuport, ist viereckig und hat drei dicke Löcher. So lange man ihn auch betrachtet: Sein Sinn will sich einfach nicht erschließen. „Schauen Sie mal nach oben", sagt Kulturreferent Klemens Unger und weist zur massiven Holzdecke hinauf, die den Eingangsbereich überspannt. „Auch wenn Regensburg eine Steinstadt ist, so bestehen die Gebäude doch zu etwa 50 Prozent aus Holz. Und deshalb waren die Bestimmungen zum Brandschutz sehr streng." Das ist auch schon die Antwort auf die Frage, was es mit dem Stein auf sich hat. „Wenn die Herren in vergangenen Jahrhunderten nach Hause gingen, haben sie den Weg mit Fackeln erleuchtet", sagt Klemens Unger. Denn eine elektrische Straßenbeleuchtung – oder auch eine mit Gaslaternen – gab es damals noch nicht. „Der Brandschutz sah vor, dass es in den Häusern kein offenes Feuer gibt, deswegen mussten die Fackeln am Eingang gelöscht werden." Bei dem viereckigen Stein handelt es sich also um einen Fackellöscher. „Man muss sich das so vorstellen wie das Ausdrücken einer Zigarette", erklärt der Kulturreferent. „Man hat das brennende Ende in die Vertiefung gedrückt und leicht gedreht, bis die Fackel aus war."

Ein merkwürdiger Stein mit drei Löchern.

Klemens Unger nimmt den Fackellöscher in Augenschein.

Die strikten Brandschutzvorkehrungen waren von Erfolg gekrönt: „Regensburg ist eine der wenigen Städte, die praktisch keinen großen, verheerenden Stadtbrand erleben mussten. Der letzte war um 1150", stellt Klemens Unger fest.

Freilich reichte das Fackellöschen für diesen Erfolg nicht aus: Jeder Bezirk der Stadt hatte einen eigenen Turm mit einer Feuerwache. Und von dort aus konnte ein eindeutiges Signal abgegeben werden, sodass es im Ernstfall möglich war, den Brandherd exakt zuzuordnen (siehe Geheimnis 15). „Außerdem gab es in jedem Haus nur einen Raum mit einem Kamin, die Kemenate", erläutert der Historiker und Kunsthistoriker und fügt augenzwinkernd hinzu: „Der war den Frauen vorbehalten, weil die ja immer so frieren."

„Der Brandschutz sah vor, dass es in den Häusern kein offenes Feuer gibt, deswegen mussten die Fackeln am Eingang gelöscht werden."

Das hat sich über die Jahrhunderte ebenso wenig geändert, wie der Fackellöscherstein von seinem Platz gewichen ist.

Eva-Maria Bast

So geht's zum Fackellöscher:

Der Fackellöscher befindet sich links am Durchgang zum Innenhof von Haus Heuport bzw. rechts neben der Treppe zum Restaurant. Das Gebäude steht gegenüber dem Dom am Domplatz 7.

Die Tafel zeugt vom Weitblick und der Fürsorge der Stadtväter.

02

Bauinschrift
Was von einer großen Angst geblieben ist

Heute ist es nur mehr eine verwaschene Inschrift, eingelassen in eine Hauswand im Stahlzwingerweg. Vor rund 500 Jahren jedoch war genau jene Steintafel das untrügliche Zeichen dafür, wie gut sich die Stadtväter im 16. Jahrhundert um Regensburg kümmerten. Sie war Beweis für die Fürsorge und Voraussicht derer, denen das Schicksal der Donaustadt von ihren Bewohnern anvertraut worden war. Und ein Hinweis darauf, wie eng Regensburg mit einer anderen Donaustadt – nämlich Wien – verknüpft war.

„Hier im Stahlzwingerweg kann man an den Häusern gut erkennen, wie die Stadtmauer einst verlief", erklärt Matthias Freitag, der sich als Historiker und Gästeführer viel mit der Geschichte der Stadt beschäftigt hat. Das sei auch am Straßennamen gut erkennbar, der noch heute daran erinnere, dass die Stadtbefestigung früher grundsätzlich aus zwei parallel verlaufenden Mauern und einem unbebauten Gelände dazwischen, dem „Zwinger", bestanden hat. „Bei der Tafel handelt es sich um eine Bauinschrift von 1530, also aus dem Jahr, in dem die bestehende mittelalterliche Stadtmauer weiter ausgebaut wurde. Die Stadträte, die das Bauvorhaben in die Wege geleitet haben, sind sogar namentlich vermerkt", weist der Historiker auf die Besonderheiten der Inschrift hin.

Doch nicht nur die Namen der Stadträte sind dort zu lesen, sondern auch der Grund, warum die Verstärkung überhaupt notwendig geworden war. „*Anno Domini 1529 belagert der Türk mit großer Heereskraft die Stadt Wien*", liest Freitag vor. So weit, so gut. Doch was hat die Belagerung der rund 400 Kilometer entfernten Donaumetropole mit dem Schicksal der wesentlich kleineren Stadt im heutigen Bayern zu tun? Genau genommen eine ganze Menge! „Die Verantwortlichen damals fragten sich natürlich, was wohl passieren würde, wenn Wien fallen würde. Und ihnen wurde klar: Dann würden die Osmanen an der Donau entlang möglicherweise bis nach Regensburg kommen", erläutert Matthias Freitag. Heute würde kaum jemand Regensburg und Wien als Städte bezeichnen, die nahe beisammen liegen. Damals jedoch sei die Angst vor den Angreifern allgegenwärtig gewesen.

Matthias Freitag ist von der Inschriftentafel noch heute beeindruckt.

Zwar steht auf der Tafel auch zu lesen „*aber er schuf nichts*", was so viel bedeutet wie, der Feind habe es noch nicht geschafft, die Stadt Wien einzunehmen. Trotzdem war es 1529 höchste Zeit für die Stadtväter, auf Worte auch Taten folgen zu lassen. „*Da ward diese Bastei zu bauen angefangen und im 1530. Jahr vollendet*", lautet die Inschrift weiter. Und dann folgt nach dem Satz, „*Derzeit regierten in dieser Stadt Regensburg die ehrbaren und weisen Herren mit Namen…*", eine Auflistung all jener, die sich für die Befestigung der Stadt ausgesprochen hatten.

Die Bastei, von der die Rede ist, war die so genannte Kreuzbastei. Beim Bau dieses Festungswerks schütteten die Regensburger einen riesigen Erdwall auf und versahen ihn mit einer Plattform, auf der sie Geschütze aufstellen konnten. Im Ernstfall hätten sie von hier oben auf die anrückenden Türken geschossen. Doch dazu kam es nicht. Zwar hatten die Osmanen schon vor dem ersten österreichischen Türkenkrieg (1529) erfolgreich auf europäischem Boden gekämpft und bereits weite Teile des Balkangebiets – darunter das heutige Ungarn – unterworfen. Doch ihr Krieg gegen die christlichen Staaten Europas ging sowohl für Wien als auch für Regensburg gut aus. Denn unter schweren Verlusten mussten sich die Angreifer im Oktober 1529 nach Osten zurückziehen. Zu sehr hatten sie unter Nachschubschwierigkeiten und den widrigen Witterungsbedingungen gelitten und Wien trotz mehrerer ehrgeiziger Versuche nicht einnehmen können.

Der Bau der Kreuzbastei in Regensburg war zu diesem Zeitpunkt bereits in vollem Gange – weil ja niemand ahnen konnte, dass sie gar nicht benötigt werden würde. Und genau das ist es, was Matthias Freitag an der Tafel so fasziniert. „Im Gegensatz zu uns wussten die Leute damals ja nicht, dass die Türken Wien nicht einnehmen und sich unverrichteter Dinge zurückziehen würden." Dass die Geschichte sowohl für die Donaustädte als auch für das christliche Europa ein gutes Ende nehmen würde, war vor 500 Jahren niemandem klar. Und deshalb bauten die Regensburger den Festungswall zu Ende, obwohl sicherlich auch bei ihnen irgendwann die Kunde ankam, dass die Türken den Rückzug angetreten hatten. Wie groß muss die Erleichterung gewesen sein! Und doch hatte sich vielleicht die Angst vor der Expansion des Osmanischen Reiches zu sehr verfestigt, als dass man dem Frieden getraut hätte.

So erinnert in Regensburg unter anderem eine verwitterte und kaum beachtete Steintafel im Stahlzwingerweg an diese große Furcht.

Heike Thissen

So geht's zur Bauinschrift:

Die Tafel mit der Inschrift ist am Haus Stahlzwingerweg 25 angebracht.

03

Schulter Mariens
Ein steinerner Blumengruß

V on welchem Geheimnis kündet der helle Fleck auf der Schulter der Jungfrau Maria am Hauptportal des Doms? Von einem großen und sehr rührenden. Und von einem, an das es lediglich den Versuch einer Annäherung geben kann. Sicher ist: Unsere Geschichte spielt im Jahr 1487. Äußerst wahrscheinlich ist: Es geht um eine ganz große Liebe.

Ein junger Mann, nennen wir ihn mal Hanns Jäger, geht an der Donau spazieren. Solcherlei Müßiggang ist untypisch für ihn, Hanns Jäger muss hart arbeiten, er ist einer der vielen Steinmetze, die beim Dombau eingesetzt sind. Von Sonnenaufgang bis Sonnenuntergang werden Steine behauen. Doch heute zieht es ihn fort, sein Herz ist übervoll, er muss hinaus in die Natur, über die Donau blicken, nachdenken. Denn seit Kurzem ist der 22-jährige Steinmetz verliebt – in die schöne Müllerstochter Amalie. Auch wenn sie sich noch nicht lange kennen, weiß er schon, dass er sie bitten möchte, seine Frau zu werden. Gedankenverloren wirft er einen Stein nach dem anderen aufs Wasser und blickt ihnen nach, wie sie über die Oberfläche hüpfen. Da hält er mit einem Mal einen ganz besonderen Kiesel in der Hand. Er ist flach und oval. Das Wasser hat ein kleines Loch hineingeschliffen.

528 Jahre später wird Dr. Friedrich Fuchs, der beim Museum des Bistums Regensburg für die Inventarisierung der kirchlichen Kunst zuständig ist, den Stein in der Hand halten und erzählen, dass solche Löcher in Steinen entstehen können, wenn dort eine besonders weiche Substanz enthalten war.

Im Kopf unseres jungen Mannes am Donauufer formt sich eine Idee. Er will seiner Geliebten zur Verlobung etwas schenken. Keinen Verlobungsring mit Diamant natürlich, wie ihn zehn Jahre zuvor – zum ersten Mal in der Geschichte überhaupt – Erzherzog Maximilian I. von Habsburg (der spätere Kaiser Maximilian I., 1459–1519) seiner Braut Maria von Burgund überreichte. Schließlich ist er ja auch kein

Dr. Friedrich Fuchs staunt immer noch über den Fund in der Schulter Mariens.

Herzog, sondern ein Steinmetz. Und darauf ist er stolz. Nachdenklich betrachtet er den Stein in seinen Händen, dann springt er auf und eilt zurück in die Stadt, in die Dombauhütte. Viel braucht er nicht, nur ein kleines, sehr scharfes und sehr spitzes Werkzeug. Die Idee nimmt in seinem Kopf Gestalt an. Er will Amalie seine Liebe in Stein meißeln. Aus dem Stein einen Anhänger, ein Amulett, machen, das sie immer um den Hals tragen kann. Sein Steinmetzzeichen wird er eingravieren. Und die Jahreszahl. Er arbeitet hart an dem Stein, dann ist das Prachtstück fertig. Doch es gefällt ihm noch nicht, es ist, findet er, nicht reizvoll genug. Er überlegt, den Stein zusammen mit einer Blume zu überreichen, doch eine Blume welkt irgendwann, das will er nicht, denn die Liebe soll niemals welken: Sie soll ewig sein wie ein Stein. Hanns Jäger beginnt nun auch die Rückseite des Steines zu bearbeiten. Er verlängert den mittleren Strich seines Steinmetzzeichens über die Kante hinaus, zieht ihn auf die andere Seite, es wird der Stängel einer Blume, die er mit Blütenblättern versieht.

Und so könnte unsere erdachte Geschichte weitergehen: Nach nochmaliger, wochenlanger Arbeit ist er fertig, bittet sie, seine Frau zu werden, und hängt ihr das Amulett um, das er ihr erst nach ihrem Tod, 30 Jahre später, wieder abnehmen wird. Dazwischen liegen glückliche Jahre. Die beiden haben sechs Kinder und zehn Enkel, bleiben in Regensburg, auch nachdem er seine Arbeit am Dom beendet hat. Drei Jahre vor ihm stirbt Amalie. Er nimmt ihr das Amulett vom Hals, will nicht, dass es sie begleitet, hinab in die dunkle Erde, sondern er will ihre Liebe, die nun auf Erden vorbei ist, unter den Schutz Mariens stellen und damit ewig machen.

Er weiß auch schon, wen er als die persönliche Schutzheilige auswählen wird: die schöne Maria in den Archivolten am Domportal. Seine Amalie hat sie immer so bewundert. Und er hat insgeheim immer

In der Schulter Mariens war der Stein einst versteckt. Wenn man genau hinsieht, kann man die kleine Erhebung erkennen, an der die Stelle nachträglich mit Mörtel aufgefüllt wurde.

gefunden, dass die Seine ein ähnlich madonnenhaftes Gesicht hat wie diese Maria. Außerdem passt es: 22 Szenen sind in den Archivolten dargestellt, die Kindheitsgeschichte Jesu, und die, in der Maria zu sehen ist, steht an deren Anfang. So wie auch ihre Liebe der Anfang von allem war, was ihm wichtig ist: seine Familie. Der Prophet Jesaias schläft auf dem Bildnis, und im Traum entspringt aus seiner Brust ein Zweig, aus dem heraus sich der Stammbaum der Heiligen Familie entwickelt.

Die Vorderseite des Steins.

Hanns Jäger zieht seinen Sohn Peter über sein Vorhaben ins Vertrauen. Der arbeitet am Dom und hat die Aufgabe, den Figurenschmuck zu pflegen. Peter ist schnell und geschickt: Er wählt eine versteckte Stelle aus – an der rechten Schulter Mariens, meißelt ein Loch hinein, gerade groß genug, setzt den Stein ein und verschließt die Öffnung mit Mörtel. Es geht sehr rasch, denn er ist geübt. Das Liebessymbol seiner Eltern befindet sich jetzt an einer Stelle, unter der im Laufe der Zeit Millionen Gläubige hindurchgehen werden.

Der Stein ruht nun 521 Jahre in der Schulter der Maria. Ein ewiges Zeichen einer Liebe, die sich so oder so ähnlich zugetragen haben könnte. Dann kommt das Jahr 2008. Am Dom stehen wieder Sanierungsmaßnahmen an. Und eines Tages klingelt bei Friedrich Fuchs das Telefon. „Am Apparat ist Matthias Baumüller von der Dombauhütte und sagt mir, dass er etwas Einzigartiges gefunden hat", erinnert sich der Kunsthistoriker. „Einen etwa 2,5 Zentimeter großen Kieselstein mit einer naturgeschliffenen Öffnung, in den jemand voller Mühe etwas eingeritzt hat." Dem Kollegen sei lockerer Mörtel im Schulterbereich der Maria aufgefallen. „Und wenn etwas locker ist, muss es aus Sicherheitsgründen gelöst und neu befestigt werden. Er hat den Mörtel also entfernt und hielt plötzlich den Kieselstein in der Hand."

„Am Apparat ist Matthias Baumüller von der Dombauhütte und sagt mir, dass er etwas Einzigartiges gefunden hat."

Die Rückseite des Steins.

Die Zahl 1487 war sofort erkennbar, auch, dass es sich bei dem Zeichen um ein gotisches Steinmetzzeichen handelt, war für Friedrich Fuchs gleich klar, hat er sich doch ausgiebig mit den Steinmetzzeichen am Dom beschäftigt und alle rund 10.000 inventarisiert. Das auf dem Stein abgebildete habe er am Dom zwar nicht gefunden, aber das sei kein Wunder, denn in der Spätgotik, ab 1450, habe man hauptsächlich Grünsandstein verwendet und der sei so stark verwittert, dass seine empirische Datensammlung hier unvollständig sei. „Aber an der Nordseite des Domes gibt es im sogenannten Bauhof einen Sammelstein, in dem etwa 120 Steinmetzzeichen eingraviert sind. Das ist so eine Art Dokumentstein, in dem sich alle Steinmetze einer bestimmten Zeit verewigt haben." Und dort hat er das Zeichen gefunden, sagt er. „Mit einer ganz kleinen Variation, ein Ästchen fehlte, aber das ist oft der Fall. Klar ist, dass einer der Steinmetze aus diesem Gruppenverband den Kieselstein bearbeitet haben muss."

Die andere Seite des Steines war schwerer zu deuten. „Wenn man ihn falsch herum hält, sieht es aus wie die Zahl 2000" erzählt Fuchs. „Erst haben wir gedacht, jemand habe sich bei der Sanierung im Jahr 2000 einen Scherz erlaubt und den Kiesel eingemauert." Schnell war jedoch klar, dass das nicht sein kann, zumal der Mörtel erkennbar wesentlich älter war als nur knapp zehn Jahre. Und schließlich kam der Kunsthistoriker darauf, dass es sich um ein formalisiertes Blütenmotiv, eine Rispenblüte handelt, mit der das Steinmetzzeichen auf der anderen Seite weitergeführt wurde. Fuchs hat den Stein unter dem Mikroskop in mühevoller Arbeit weiter untersucht. Herausgefunden, dass das Loch von der Natur in den Stein geschliffen wurde, wohl, weil sich dort eine leichtlösliche Einlagerung befand. Und festgestellt, dass es Abreibungen an dem Loch gibt, Schleifspuren, die von einer Kette herrühren könnten. Außerdem sei der Stein „zigtausendmal durch die Finger gegangen", das lasse sich an den Abreibungen deutlich erkennen. Die Überlegungen von Friedrich Fuchs gehen in eine ähnliche Richtung wie die oben dargestellte deutende Annäherung: Dass ein junger Steinmetz den Stein am Donauufer fand und seiner Liebsten einen steinernen Blumengruß schuf, den sie dann ihr Leben lang trug. „Steinmetzzeichen waren ja ganz persönliche Signets", erklärt er. „Und diesen harten Kieselstein so zu bearbeiten, und das nach der harten Arbeit am Dom, das ist etwas, das macht man nicht für sich selbst, sondern wahrscheinlich für eine geliebte Frau."

„Vielleicht ein Versprechen, ein Gelübde oder auch eine Danksagung religiöser Art."

Warum der Stein dann in die Schulter der Maria, der schönsten jugendlichen Mariengestalt am Dom, wie Fuchs sagt, wanderte? „Vielleicht ein Versprechen, ein Gelübde oder auch eine Danksagung religiöser Art", überlegt er.

Heute befindet sich der Stein im Staatlichen Bauamt Regensburg und soll später in die Kunstsammlungen des Bistums aufgenommen werden. Dann können nachfolgende Liebende diesen in Stein gemeißelten Blumengruß bewundern. Und wer weiß, vielleicht wird ja ein junger Mann dazu angeregt, seiner Angebeteten ein ähnliches Amulett zu schaffen? Sie dürfte sich darüber mindestens ebenso freuen wie über einen Diamantring. Denn was sind Karat schon im Vergleich zu der mühevollen Arbeit, die ein geliebter Mensch auf sich nimmt?

Eva-Maria Bast

So geht's zur Schulter Mariens:

Der Stein befand sich einst in der Schulter der Jungfrau Maria im ersten inneren Bogen der Archivolten des Hauptportals vom Dom auf der linken Seite. Man kann die Stelle noch erkennen, weil der neue Mörtel etwas heller ist als das umliegende Gestein. Der Dom steht am Domplatz. Der Stein befindet sich heute im Besitz des Staatlichen Bauamtes Regensburg und soll später in die Kunstsammlungen des Bistums aufgenommen werden.

04

Eisenkette
Gewichtiger Schutz für den Kaiser

Sie ist ungemein schwer. Und das soll sie auch sein. Denn die Kette, die am Alten Rathaus am Durchgang zum Roten Herzfleck hängt, sollte niemand so einfach beiseiteschieben können. Seit dem Mittelalter bis weit ins 18. Jahrhundert hinein war sie – und mit ihr 115 weitere Ketten – dazu da, durch Regensburg ziehende Soldaten daran zu hindern, in die Stadt auszuschwärmen. Außerdem sollte sie streitende Parteien trennen, Unruhen verhindern oder hochgestellte Persönlichkeiten wie den Kaiser – etwa, wenn er auf dem Weg zum Reichstag im Alten Rathaus war – vor den Massen schützen. „Die Ketten dienten im Mittelalter als Sicherheitsvorkehrung und Straßensperre bei hohem Volksaufkommen, wie Turnieren oder Kaisereinzügen, und wurden dann von Stadtknechten bewacht", fasst Stadtführerin Stephanie Ruhfaß zusammen. Karl Bauer hat in seinem Regensburg-Buch zahlreiche Ereignisse genannt, bei denen mit den Ketten Straßen gesperrt wurden. Im Jahr 1158 sei das zum Beispiel der Fall gewesen, als böhmische Truppen durch Regensburg zogen. Sie beteiligten sich am zweiten Italienzug Friedrich Barbarossas (1122–1190), den er unternahm, um „in Ober- und Mittelitalien alle jene Rechte und Besitzungen des Königtums wiederzugewinnen, die im Laufe der letzten Jahrzehnte weitgehend verlorengegangen waren", schreibt Karl Jordan in seinem Standardwerk „Investiturstreit und frühe Stauferzeit 1056–1197". Durch die Absperrung wollte man Ausschreitungen verhindern. Auch 1266 wurden die Seitenstraßen abgesperrt, als Ottokar von Böhmen gegen die bairischen Herzöge kämpfte. „König Ottokar versuchte seine Ansprüche an die Ländereien der ausgestorbenen Geschlechter der Babenberger und der

> „Die Ketten dienten im Mittelalter als Sicherheitsvorkehrung und Straßensperre bei hohem Volksaufkommen, wie Turnieren oder Kaisereinzügen, und wurden dann von Stadtknechten bewacht."

Stephanie Ruhfaß vermag die Eisenkette kaum anzuheben – so schwer ist sie. Auf der anderen Seite des Bogens kann man noch die Öse erkennen, in die sie eingehängt wurde.

Grafen von Bogen (…) gegenüber den Wittelsbachern zu wahren", wobei er „vorübergehend in Regensburg und Passau einzog", schreibt Jordan.

Zwar durften Ottokars Truppen die Stadt passieren, allerdings nur auf einer Straße, die anderen wurden abgesperrt. Sonst hätten die Soldaten ja in die kleinen Sträßchen ausscheren und womöglich in der Stadt plündern können. „Das heißt, dass sich die Vorrichtungen für die Absperrungen vor allem dort befanden, wo kleine Straßen in große Hauptstraßen oder Plätze mündeten", sagt Stephanie Ruhfaß.

In einer Stadt, in der die Schifffahrt eine so große Rolle spielt wie in Regensburg, ist es irgendwie logisch, dass nicht nur die Straßen abgesperrt wurden, sondern dann und wann auch der Fluss. Und zwar nicht am Ufer. Nein! Die Ketten wurden quer durch das Gewässer gezogen und verhinderten so, dass die Schiffe weiterfahren konnten. Das geschah zum Beispiel während des Dreißigjährigen Kriegs (1618–1648) im Jahr 1645 und auch 1704 im Spanischen Erbfolgekrieg (1701–1714).

Die Kette sollte einst Soldaten und Streithähne im Zaum halten.

1779 wurden die meisten Straßenketten auf eine Anordnung des Rats entfernt. Die Kette am Rathaus hing noch bis 1818 und wurde dann ebenfalls abgenommen. „Bei der jetzigen Kette handelt es sich um ein Schaustück, das 1963 wieder hier angebracht wurde", sagt Stephanie Ruhfaß. Benutzt wurde sie seither nicht mehr, sie dient lediglich der Erinnerung an Zeiten, in denen Soldaten durch die Straßen marschierten, Ritter in Turnieren gegeneinander antraten und die Kaiser zu den Reichstagen ins Rathaus einzogen. Könnte diese Kette reden: Was hätte sie alles zu erzählen!

Eva-Maria Bast

So geht's zur Eisenkette:

Die schwere Kette hängt am Durchgang vom Alten Rathaus zum Roten Herzfleck. Das Alte Rathaus steht am Rathausplatz 1.

Muss Tag und Nacht auf den Domboden blicken: das Dämonengesicht.

05

Dämonengesicht
Sieg des Glaubens über das Dunkle

Man entdeckt es eigentlich nur, wenn man weiß, wo es ist. Oder wenn man sich die Mühe macht, die Unterseiten der figurentragenden Konsolen im Regensburger Dom zu betrachten. Denn an einer solchen Konsole – an der des heiligen Jakobus – ist dieses seltsame, dämonenhafte Gesicht angebracht, von steinernen Blättern umgeben. Eigentlich schaut es ganz freundlich drein. „Als ich ihn entdeckte, war mir der Dämon gleich total sympathisch. Ich dachte erst, dass er eine Sonne symbolisiert", erzählt Renate Möllmann. Aber dann sah sie genauer

REGENSBURG 25

hin und merkte, dass er doch ziemlich finster dreinblickt. „Und der Bildhauer, der ihn geschaffen hat, hat ihm mit dem Zahneisen richtige Spuren eingekerbt, um ihm ein gefährliches Aussehen zu verleihen", beschreibt die Domführerin. Stimmt! Bei ausgiebiger Betrachtung wirkt das Gesicht gar nicht mehr so freundlich, wie es auf den ersten Blick den Anschein hatte. Das ist kein Wunder, denn schließlich muss das steinerne Wesen die ganze Zeit auf den Boden starren!

Was es für einen Sinn hat, eine Heiligenfigur auf ein finster dreinblickendes Gesicht zu stellen? „Wir streben im Leben ja nach Glück. Aber niemand kann immer nur glücklich sein", überlegt Renate Möllmann. „Das Leben hat zwei Seiten. Gut und böse. Schön und hässlich. Und der heilige Jakobus ist für uns Gläubige auch ein großes Vorbild, weil er seinen Glauben unerschütterlich und bis in den Tod hinein gelebt hat, wegen seines Glaubens sogar hingerichtet wurde." Im Dom symbolisiere er, so schön gestaltet und ehrwürdig, wie er auf seinem Podest steht, geistige Schönheit und tiefen Glauben. Man könnte es durchaus so auslegen, dass er das Dämonische besiegt hat. Wie Maria Immaculata auf der Schlange steht, dem Symbol des Bösen, so steht er auf dem Dämon. Er hat ihn besiegt, sogar dazu gebracht, dass er sein Gesicht nach unten kehren muss.

Da hängt er nun, der geheimnisvolle Dämon, und starrt Tag für Tag auf den steinernen Fußboden. Wenn er Glück hat, kann er dann

Renate Möllmann hat das gnomenhafte Gesicht ins Herz geschlossen.

und wann mal den Anblick eines besonders hübschen Schuhs erhaschen – wenn jemand stehen bleibt, um die Figur des heiligen Jakobus zu betrachten. Mehr sieht er aber nicht.

Nur Renate Möllmann hat er gesehen, als sie sich unter den Heiligen an die Säule stellte und nach oben blickte. Bestimmt hat er sich darüber gefreut, zumal Renate Möllmann ja eine sehr hübsche Frau ist. Kein Wunder, dass die Domführerin ihn auf den ersten Blick sympathisch fand und sich an eine Sonne erinnert fühlte!

„Der Bildhauer, der ihn geschaffen hat, hat ihm mit dem Zahneisen richtige Spuren eingekerbt, um ihm ein gefährliches Aussehen zu verleihen."

Vielleicht hat dieser ungewöhnliche Dämon ja auch auf andere Menschen, die ihm einen Blick schenken, eine solche Wirkung? Probieren Sie es doch einfach mal aus!

Eva-Maria Bast

So geht's zum Dämonengesicht:

Das steinerne Gesicht befindet sich auf der Unterseite des Sockels für die Figur des heiligen Jakobus am nordwestlichen Vierungspfeiler. Der Dom steht am Domplatz.

Domstufen
Die letzten Spuren der Panzerkrebse

Stufen gehören ja gemeinhin zu den Dingen, die gar nicht beachtet, ja, im wahrsten Sinne des Wortes mit Füßen getreten werden. Sie dienen einzig und allein dem Zweck, einen Höhenunterschied zu überwinden und den, der sie benutzt, bequem von A nach B zu bringen, ohne dass er sich allzu sehr anstrengen muss. Wie bei so vielem lohnt aber auch bei manch einer Stufe das genaue Hinsehen: zum Beispiel bei denen an der Südseite des Regensburger Doms. Betrachtet man die Treppen genauer, entdeckt man, dass sich an mehreren Stellen schlingenartige Erhebungen befinden, die aussehen, als handle es sich um dicke, sich windende Würmer. Dass das aber keine Würmer, sondern Krebsgänge sind, das weiß der Leiter des Naturkundemuseums, Dr. Hansjörg Wunderer. Und er erzählt eine Geschichte, die tief in die Vergangenheit führt.

Sie beginnt in einer Zeit, als es in Ostbayern noch kein Gebirge, sondern ein riesiges Meer gab, das sogenannte „Urmittelmeer". Das war vor 150 Millionen Jahren. In einem Aufsatz über Bausteine aus dem Urmittelmeer schreibt Wunderer gemeinsam mit anderen Sachkundigen: „Entlang der Küste gab es eine flache Meereslandschaft mit Lagunen, Inseln und Korallenriffen. Ostbayern zur Jurazeit vor 150 Millionen Jahren war eine Idylle, wie wir sie heute mit der Südsee in Verbindung bringen würden." Da könnte man schon ein klein wenig neidisch werden!

Im ausgehenden Jura und in der Unteren Kreidezeit sei das Meer dann verlandet und die Region über einen Zeitraum von 45 Millionen Jahren zum Festland geworden. Vor 95 Millionen Jahren, das war in der Oberen Kreidezeit, berichtet Wunderer, sei das Meer dann noch einmal zurückgekehrt, „bevor es von der alpinen Gebirgsbildung endgültig verdrängt wurde (…) Als das alte Land wieder überflutet wurde, hobelte der Ozean in die Juragesteine eine Abrasionsplattform, auf die vom Festland her Flüsse den Abtragungsschutt der Mitteldeutschen Insel und der Böhmischen Masse in das Meer transportierten. Aus

Dr. Hansjörg Wunderer kennt den Grund, warum diese Treppenstufen solche wurmartigen Erhebungen haben.

dem Abtragungsschutt, der in Form von Sandschüttungen ins Meer gelangte, entstand im Laufe der geologischen Zeit der Regensburger Grünsandstein", schildern die Experten in ihrem Aufsatz. Und dieser Regensburger Grünsandstein ist, neben dem Kalkstein, derjenige, der am häufigsten in der Stadt verbaut wurde.

„Die Mischung beider Gesteinsarten prägt das historische Bild", sagt Wunderer. So wie das eigentlich in allen Städten und Regionen war: Man verwendete das Material, das in der Gegend vorkam. Deshalb sind zum Beispiel im Norden Backsteinbauten aus gebrannten Ziegeln charakteristisch, in anderen Regionen Buntsandstein, Travertin und Kalkstein.

Und die Krebse? Die gruben sich ihre Gänge durch den Meeresboden, der später zu Stein wurde, und hinterließen Hohlräume, in die das Meer dann Sand und andere Ablagerungen hineinspülte. „Diese Verfüllungen waren härter als der Stein, der sie umgab", erklärt Wunderer. „Und weil der Kalkstein auf Abnutzung und Verwitterung und besonders auf sauren Regen empfindlich reagiert, traten sie über die Jahrhunderte immer deutlicher hervor."

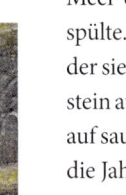

Schlangenlinien auf den Domtreppen.

So ärgerlich es manchmal sein mag, dass der Kalk- und Grünsandstein anfällig ist und sich durch starke Witterungseinflüsse auflöst – schließlich muss deshalb mehr restauriert und ausgebessert werden als bei einem härteren Stein: Hier ist dieser Umstand von Vorteil. Denn anhand der gewundenen Krebsgänge, die dadurch erkennbar werden, kommt einem überhaupt erst zu Bewusstsein, auf wie vielen Jahrmillionen Erdgeschichte man hier geht, steht oder sitzt! Denn das sei empfohlen: Wenn es nicht gerade Winter ist, einfach mal auf den Stufen Platz nehmen und die Steine genau betrachten. Es gibt viel zu sehen!

Eva-Maria Bast

So geht's zu den Domstufen:

Die Stufen, an denen die wurmartigen Gebilde zu sehen sind, befinden sich auf der Südseite des Doms. Es gibt dort mehrere Aufgänge, gleich beim ersten und zweiten, aus Richtung Westen kommend, sind die Fossilspuren gut auszumachen. Der Dom steht am Domplatz.

Kaum sichtbar: das eingeritzte Mühlespiel.

07

Mühlespiel
Zeitvertreib und ein sicherer Zufluchtsort

Wer sein Handwerk gut beherrscht, der kommt schon auch mal auf die Idee, mit seinen Materialien zu spielen. Und da entsteht dann oft äußerst Kreatives. Man denke nur an all die Konditoren, die die Herzen ihrer Kunden mit launigen Thementorten erfreuen. Auch die mittelalterlichen Steinmetze hatten anscheinend Lust auf Spielen und Spielereien. Davon zeugen die vielen kreativen Gestaltungselemente, mit denen sich

REGENSBURG 31

Handwerker in diversen Bauwerken verewigt haben. Zum Beispiel gibt es in Würzburg ein Stuck-Himmelbett im Dom. Dass die Handwerker aber auch gerne *miteinander* spielten, davon kündet in Regensburg etwas, das man nur erkennt, wenn man den Römerturm in der Domstraße östlich des Domes sehr lange und sehr genau betrachtet. Brigitte Terschak, die ihre gesamte Kindheit und den größten Teil ihres Erwachsenenlebens in Regensburg verbracht hat, hat das getan – und etwas Spannendes entdeckt: In einen der Steine ist ein Mühlespiel geritzt. „Offenbar haben die Steinmetze den Stein erst als Spielbrett benutzt und ihn dann vermauert", vermutet sie. Daran lasse sich auch erkennen, wie alt das Gesellschaftsspiel schon ist, wurde dieser Teil des Turms doch um 1200 errichtet – also lange nach der Regensburger Römerzeit. Warum er dann „Römerturm" heißt? „Er wird fälschlicherweise so bezeichnet", erklärt die Historikerin. „Vermutlich, weil er mit seiner kastigen Bauweise wie ein Römerturm aussieht." Jedoch seien immerhin Steine von Castra Regina, wie das Regensburger Römerlager hieß, verbaut. Und unter dem Turm, tief in der Erde, befänden sich noch immer Fundamente aus der Römerzeit, die bereits im ausgehenden 1. Jahrhundert n. Chr. mit einem kleinen Militärlager und einem Zivillager begann. Beides wurde während des Markomannensturms in der zweiten Hälfte der 160er-Jahre zerstört. Schließlich konnten die Markomannen aber zurückgedrängt werden und Kaiser Mark Aurel (121–180) ließ ab etwa 175 das Legionslager Castra Regina errichten.

Die angegliederte Zivilstadt erlebte ihre Blütezeit in der ersten Hälfte des 3. Jahrhunderts. Die Soldaten und etliche Zivilisten verließen das Römerlager vermutlich kurz nach Beginn des 5. Jahrhunderts. Anschließend dürfte im heutigen Regensburg, wie Karl Bauer in seinem großen Regensburg-Buch schreibt, eine Bevölkerung gelebt haben, die aus „Reste(n) römischer Siedler" bestand, „zusammen mit jener romanisch-germanischen Mischbevölkerung, die sich vornehmlich in den letzten Jahrzehnten römischer Herrschaft entwickelte. Zu dieser Bevölkerungsgruppe stießen als neue germanische Siedler bald nach 400 die Bajuwaren, das Stammvolk der Bayern."

„Offenbar haben die Steinmetze den Stein erst als Spielbrett benutzt und ihn dann vermauert."

Spätestens seit dem frühen 7. Jahrhundert, schreibt Bauer weiter, habe „Baiern als geschlossener Staat unter Führung von Herzögen aus dem Geschlecht der Agilolfinger" bestanden, die „Castra Regina" als Hauptstadt „Baierns" auserkoren und im nordöstlichen Bereich ihre Pfalz, sprich ihre Residenz, einrichteten. „Regensburg ist also die älteste Hauptstadt Bayerns", macht Terschak deutlich.

Ende des 8. Jahrhunderts kamen die Karolinger nach Regensburg und machten „Castra Regina" Mitte des 9. Jahrhunderts zur karolingischen Königspfalz. Im frühen und hohen Mittelalter war Regensburg Herzogs-, Königs- und Bischofsstadt zugleich. Der untere Teil des heute 28 Meter hohen Turmes, an dem sich anhand der unterschiedlichen Mauerweise und Gesteinsarten drei Bauepochen ausmachen lassen, wurde wohl schon in karolingischer Zeit errichtet. Der darüberliegende Teil, an dem sich auch das Mühlespiel befindet, dürfte nach Bauer um 1200 entstanden sein und der oberste Teil wohl kurz danach, Anfang des 13. Jahrhunderts. „Man hat den Turm vermutlich vor allem als Fluchtturm genutzt", sagt Brigitte Terschak. „Hier konnte sich die Bevölkerung in Sicherheit bringen, wenn der Feind anrückte."

Wie viele der Menschen, die in den verschiedensten Jahrhunderten tagtäglich am Turm vorbeigingen, mögen das Mühlespiel wohl entdeckt haben?

Eva-Maria Bast

Dieser Turm kündet von der Spiellust der mittelalterlichen Steinmetze.

So geht's zum Mühlespiel:

Der Turm steht in der Domstraße. Das Mühlespiel befindet sich auf dem vierten Stein von links in der dritten Reihe über dem Buckelquader.

Zur schönen Gelegenheit
Eine Straße mit zweideutigem Namen

E in Straßenname wie „Zur schönen Gelegenheit" regt die Fantasie an. Und weil dieser ja bekanntlich keine Grenzen gesetzt sind, wird sie denjenigen, der sich über die Bezeichnung in der Regensburger Altstadt wundert, unter anderem in die Richtung von käuflicher Liebe und zwielichtigen Etablissements führen. Kein Wunder also, dass sich die Anwohner der Straße „Zur schönen Gelegenheit" im Jahr 1905 sehnlich einen anderen Namen für ihre Adresse wünschten. Er sei zweideutig und führe zu falschen Vorstellungen und Schlussfolgerungen, beklagten sie sich. Sie wollten nicht länger in einer Straße leben, die den Verdacht nahe legte, dort hätten einst Sodom und Gomorrha geherrscht – oder, noch schlimmer, dort herrschten sie noch immer. „Aus der Namensänderung wurde aber nichts, schließlich hat die Bezeichnung rein gar nichts mit Prostitution oder Ähnlichem zu tun", erklärt Historiker Matthias Freitag.

Eine „schöne Gelegenheit" bezeichnete vor dreihundert Jahren schlichtweg eine schöne Aussicht oder schöne Lage. Die Gasse in der Regensburger Altstadt, die ursprünglich „Weite Straße" hieß – sie ist breiter als die umliegenden – erhielt ihren heutigen Namen von dem Gebäude, das das Sträßlein zur Donau hin abschließt. „Die Bedeutung des Straßennamens ergibt sich eigentlich erst, wenn man die Gasse verlässt und um diesen Häuserblock herumgeht. Dann sieht man nämlich, dass auf der Nordseite das Gelände

Nach diesem Haus ist die Straße Zur schönen Gelegenheit benannt. Es bot einst einen schönen Ausblick auf die Donau.

Die Anwohner der Straße fürchteten einst wegen dem zweideutigen Namen um ihren guten Ruf.

ziemlich steil zum Fluss hin abfällt, sodass man von dort eine gute Aussicht auf die Donau hatte", erklärt Matthias Freitag. Erst beim kurzen Spaziergang in die Weintingergasse sieht man, wie idyllisch es hier früher einmal gewesen sein muss.

Zuerst erhielt also das Gebäude seinen Namen, danach die Straße. Dass die Anwohner 1905 die Bezeichnung zwielichtig fanden, lässt sich aus heutiger Sicht gut nachvollziehen. Im 18. Jahrhundert hingegen, als aus der „weiten Straße" die „schöne Gelegenheit" wurde, störte sich niemand an dem Begriff.

> *„Die Bedeutung des Straßennamens ergibt sich eigentlich erst, wenn man die Gasse verlässt und um diesen Häuserblock herumgeht."*

Matthias Freitag hat sich intensiv mit den Regensburger Straßennamen beschäftigt und erklärt, dass das Haus mit der auffälligen Lage und dem daraus resultierenden Namen den Regensburgern vor 300 Jahren vermutlich sehr hilfreich war: „Damals gab es keinen Stadtplan und erst recht kein Navigationsgerät. Da musste man sich an markanten Punkten orientieren, wenn man jemandem den Weg erklären wollte." Der kürzeste Weg vom Arnulfsplatz zur Donau führte dann beispielsweise über die Gasse, an deren Ende das Haus mit der „schönen Gelegenheit" steht.

Heike Thissen

So geht's zur schönen Gelegenheit:

Die Straße „Zur schönen Gelegenheit" führt vom Arnulfsplatz zur Donau.

Oberbürgermeister Joachim Wolbergs wirft, wie einst die Vertreter der Fürsten, Geld zum Fenster raus. Aber keine Sorge: Es sind Schokotaler.

09

Erker am Alten Rathaus
Lange Bänke, regnende Münzen

Gute Nachrichten für all jene, die gern Geld aus dem Fenster werfen oder etwas auf die lange Bank schieben: Wer das tut, kann sich auf eine historische Tradition aus Regensburg berufen. Denn beide Redewendungen wurden wohl im dortigen Alten Rathaus geprägt, als hier der Immerwährende Reichstag stattfand.

Der Immerwährende Reichstag hat seine Ursprünge tief im Mittelalter. „Die deutschen Kaiser haben bei Besuchen in Regensburg und auch in anderen Städten immer wieder Reichstage abgehalten, auf denen die jeweils aktuellen politischen Probleme besprochen wurden. Ab 1594 fanden diese Reichstage ausschließlich in Regensburg statt. Und ab 1663 wurde der Reichstag wegen der Vielzahl von Themen, die auf der Tagesordnung standen, nicht mehr aufgelöst, weshalb er den Namen ‚Immerwährender Reichstag' bekam", klärt Oberbürgermeister Joachim Wolbergs auf. Ganze 143 Jahre dauerte er, bis er im Zusammenhang mit den Umwälzungen in Deutschland in der Zeit Napoleons zu Ende ging. Als Kaiser Franz II. (1768–1835) am 6. August 1806 nach einer schweren Niederlage gegen Napoleon seine Krone niederlegte, war damit die Auflösung des uralten Heiligen Römischen Reichs Deutscher Nation besiegelt. Das war auch das Ende des Immerwährenden Reichstags.

Warum man Regensburg als Tagungsstadt für den Immerwährenden Reichstag ausgewählt hatte? Aus dem gleichen Grund, aus dem man noch heute gerne Orte für Treffen von Menschen vorschlägt, die aus den unterschiedlichsten Himmelsrichtungen kommen: Regensburg hatte eine verkehrsgünstige Lage.

Der Erker, auf den wohl die Redewendung „Geld zum Fenster rauswerfen" zurückgeht.

Der Reichstag war in drei Kollegien unterteilt – das der Kurfürsten, das der Fürsten und das der Freien Reichsstädte. „Protokollarisch am wichtigsten waren die drei geistlichen Kurfürsten, die Erzbischöfe von Mainz, Köln und Trier", erläutert Joachim Wolbergs. Ebenfalls im Rat der Kurfürsten saßen vier weltliche Kurfürsten, nämlich der Pfalzgraf bei Rhein („Kurpfalz"), der Herzog von Sachsen, der Markgraf von Brandenburg und der König von Böhmen. Später kamen noch der Herzog von Bayern und schließlich der Herzog von Braunschweig-Lüneburg-Hannover dazu. „Man muss sich das so vorstellen, dass die Gesandten, ihrem Stand gemäß, alle in der Stadt untergebracht waren – für Regensburg eine wichtige und auch lukrative Sache", gibt Wolbergs zu bedenken.

In der Schrift „Ohne Regensburg kein Europa", die 2013 zum 350. Jahrestag des Immerwährenden Reichstags von der Stadt herausgebracht wurde, ist zu lesen: „Die einzelnen Souveräne waren jedoch nur zu Großereignissen bei persönlicher Anwesenheit des Kaisers in Regensburg anzutreffen. Die meiste Zeit unterhielten die Landesherren, die europäischen Königshäuser Frankreichs, Dänemarks, Schwedens, Englands und Russlands sowie die freien Niederlande und Reichsstädte eigene Gesandtschaften oder ließen sich durch Rechtsanwälte vertreten."

Die Aufgaben waren vielfältig und im Westfälischen Friedensvertrag von 1648 festgehalten. „Westfälischer Friede" ist der Oberbegriff aller zwischen dem 15. Mai und dem 24. Oktober 1648 in Münster und Osnabrück geschlossenen Friedensverträge. Sie beendeten den Dreißigjährigen Krieg in Deutschland. Der Immerwährende Reichstag hatte nun die Aufgabe, „die offenen Verfassungsfragen von Osnabrück und Münster zu klären und die Auslegung der Beschlüsse des Westfälischen Friedens für alle Vertragspartner unter der Wahrung des Vertragsfriedens zu gewährleisten". Durch die mit dem Westfälischen Frieden einhergehende neue Gesetzesgrundlage mussten die Reichstagsmitglieder neben ihren zahlreichen anderen Aufgaben nun auch eine Geschäftsordnung erarbeiten. Und obendrein wirkten sie noch an der Gesetzgebung mit. Bis zur Rechtsgültigkeit war es ein langer Weg. Wie heute auch musste ein Gesetz drei Phasen durchlaufen: Der Kaiser konnte die Gesetzesinitiative ergreifen und seinen Vorschlag im Reichstag vorstellen. Danach folgte die Beratung und Abstimmung der jeweiligen Kollegien. Wenn positiv entschieden wurde, wurde die Entscheidung dem Kaiser mitgeteilt, der dem Gesetz durch seine Unterschrift Rechtskraft verlieh. „In dieser Kombination und der Wahrnehmung seiner Aufgaben kann der Immerwährende Reichstag als oberstes Repräsentantenhaus der föderalen Struktur des Heiligen Römischen Reiches angesehen werden. Damit bildet er auch die Keimzelle für die existierenden Verfassungsorgane des Deutschen Bundestages und des Deutschen Bundesrates", steht im Jubiläumsheft der Stadt.

Und hier kommt auch die lange Bank ins Spiel: „Es gab ja die verschiedenen Kollegien, die in ihren jeweiligen Zimmern berieten", erzählt Wolbergs. „Das zahlenmäßig größte Kollegium war das der Fürsten. Wenn dort beraten wurde, dauerte das entsprechend lange. Und im Beratungszimmer der Fürsten saßen die Gesandten auf langen Bänken. Die Sache wurde also ‚auf die lange Bank geschoben'." Wobei das Sprichwort von der langen Bank ganz gut auch auf die gesamte Geschichte des Immerwährenden Reichstags passt: Man wollte nämlich keineswegs immerwährend tagen, als man am 20. Januar 1663 zusammenkam. Doch der Themen waren so viele und ihre Inhalte so kontrovers, dass Jahr um Jahr verging. Vergebens trieb der Kaiser nach etwa zwei Jahren zu größerer Eile. Im fünften Jahr war es dann umgekehrt, da baten die Stände den Kaiser, einen Schlusstermin für die lang andauernde Sitzung zu nennen. Den setzte er auch fest – für das sechste Jahr. Doch als dieses nahte, verschob man den Termin erneut.

Wenden wir uns dem nächsten Sprichwort zu, das seine Wurzeln beim Immerwährenden Reichstag hat: Etwas am grünen Tisch entscheiden. „Wenn das Abstimmungsergebnis der Reichsstände nicht klar war, kam man an einem Tisch zusammen, auf dem ein grünes Tuch lag", erklärt der OB. „Hier versuchte man, einen Kompromiss zu finden."

> „Die Kontrollfunktion, die die Stände gegenüber dem Kaiser hatten, war im Prinzip der Beginn der Gewaltenteilung."

Und wann warf man denn nun das Geld zum Fenster raus? „Nicht ständig", lacht das heutige Stadtoberhaupt. „Bei fürstlichen Geburtstagen zum Beispiel ließen die Gesandten der Jubilare vom Erker aus Geldstücke auf das auf dem Rathausplatz versammelte Volk regnen." Damit, sagt Wolbergs, habe man dem Volk auch die Großzügigkeit der jeweiligen Fürsten aufzeigen wollen.

Der OB ist beeindruckt von dem, was beim Immerwährenden Reichstag geleistet wurde: „Fast 150 Jahre lang gelang es, nicht zuletzt dank des Immerwährenden Reichtags, den Frieden in Europa zu sichern. Schließlich konnte ohne einen Reichstagsbeschluss kein Reichskrieg erklärt werden." Man habe die föderalen Strukturen gestärkt und sich um innenpolitische Reformen bemüht. Und noch etwas fasziniert das Stadtoberhaupt: „Die Kontrollfunktion, die die Stände gegenüber dem Kaiser hatten, war im Prinzip der Beginn der Gewaltenteilung." Auch die gegenseitige Toleranz wurde durch den immerwährenden Austausch gefördert. Dr. Jakob Christian Gottlieb Schäffer schrieb 1787: „Überhaupt ist der Umgang in Regensburg, der aus so mannigfachen Gliedern besteht, eben nicht steif, und jeder kann ungezwungen und nach seinem Geschmack leben. Die Verschiedenheit der Religion hat auf das Gesellschaftliche nicht den geringsten Einfluss. Wir leben und weben auf das freundschaftlichste mit einander und man sieht es uns außerhalb der Kirche nicht an, daß wir über Religionsgebräuche so verschieden denken; ja, was das schönste ist, so sprechen wir nie ernstlich über diese Verschiedenheit, noch weniger zanken wir uns. Dieser ungezwungene, gesellige und abwechselnde Umgang macht auch, daß Fremde, die von großen volkreichen Städten kommen, nach und nach Regensburg so lieb gewinnen, daß sie es ungerne wieder verlassen und selbst oft ihrem Geburtsorte vorziehen."

Joachim Wolbergs hat es da heute leichter, da der Ort, in dem er regiert, auch sein Geburtsort ist. Er muss sich also nicht entscheiden. Und er bemüht sich auch, nichts auf die lange Bank zu schieben. Geld zum Fenster rausgeworfen hat er, wie so viele Menschen, allerdings durchaus schon mal, wie er lächelnd eingesteht. Aber das war sein eigenes und nicht das der Stadt. Oder eben Schokotaler.

Eva-Maria Bast

So geht's zum Erker:

Der Erker befindet sich am gelben Teil des Alten Rathauses, Rathausplatz 1.

Tor
Das Leben siegt über den Tod

Vor dem Tor steht eine Traueresche. Sie passt dort gut hin, doch das begreift man erst, wenn man weiß, warum das Tor eigentlich steht, wo es steht. Auf der nördlichen Seite des Stadtparks ist es in ein Stück Mauer eingelassen, die ein paar Meter weiter endet. Man muss ein wenig danach suchen, Äste und Büsche verdecken es, machen es beinah unsichtbar. Das Tor ist verschlossen, doch man kann um das Mauerstück herumgehen und es von der anderen Seite aus betrachten. Dann wird man bemerken, dass dort uralte Grabsteine stehen und eine merkwürdige Symbiose mit der Flora des Stadtgartens eingehen: Der Efeu hat sich um die Grabsteine gewunden, manchmal hält er gar einen Grabstein derart dicht umschlungen, dass es aussieht, als wachse ein Baum auf dieser letzten Ruhestätte, zumal der Efeu seine Zweige wie ein Baum über dem Grab ausbreitet. Man ahnt es schon: Bei dem verwunschenen Tor im Mauerstück handelt es sich um den einstigen Eingang zu einem sehr alten Friedhof, genauer: zum Lazarus-Friedhof. „Der entstand 1528, damals noch vor der Stadt", erzählt Winfried Schoppelrey, der 30 Jahre lang als Baumpfleger im Stadtpark unterwegs war. Es handelte sich um einen evangelischen Friedhof. Und dass der nötig wurde, hing mit der Reformation zusammen, an der etliche Regensburger Gefallen fanden.

Die Katholiken wollten freilich nicht dulden, dass die Protestanten neben ihnen bestattet wurden, deshalb legten diese den Friedhof an. „Hier befand sich auch das Siechenhaus St. Lazarus in der Nähe, daher hat der Friedhof seinen Namen", erklärt Schoppelrey. Im Laufe der Jahrhunderte wurde der Friedhof zweimal erweitert. Im Dreißigjährigen Krieg habe man die letzte Ruhestätte wie auch die umliegende Bepflanzung mit Bäumen zerstört (siehe Geheim-

> „Hier befand sich auch das Siechenhaus St. Lazarus in der Nähe, daher hat der Friedhof seinen Namen."

Passend für ein Friedhofstor: Der Mensch geht eine Verbindung mit der Natur ein.

nis 24), um freies Schussfeld gegen die Schweden zu haben. Doch 1640, noch während des Kriegs, wurde er wieder instandgesetzt.

Das Tor gab es damals allerdings noch nicht: Wie Karl Bauers Standardwerk „Regensburg" zu entnehmen ist, entstand es um 1700 und stammt aus dem Kloster Prüfening.

Im 19. Jahrhundert wurde der Friedhof – gewissermaßen – überkonfessionell: Bis dato hatte man die verstorbenen Katholiken, die der Pfarrei der Oberen Stadt angehörten, noch rund um die Emmeramskirche bestattet. Das war ein Brauch, der landauf, landab üblich war. „Wegen der vielen Seuchen wollte man die Toten dann aber Anfang des 19. Jahrhunderts aus der Stadt haben", erklärt Schoppelrey. Wie schon die Evangelischen Jahrhunderte zuvor, zogen nun auch die Katholiken mit ihrem Gottesacker vor die Stadt in den Bereich der Prüfeninger Straße. Man hielt allerdings Abstand, der Friedhof der Katholiken befand sich weiter westlich. „Im Laufe der Zeit wurde der Friedhof aber immer mehr in Richtung Osten erweitert und näherte sich dem evangelischen Friedhof an", berichtet der pensionierte Stadtgärtner. Am Schluss war die Grenze nur noch durch eine trennende Mauer sichtbar. „1831 wurde dann, wieder aus hygienischen Gründen, ein Leichenhaus gebaut", berichtet Schoppelrey. Und zwar für beide Konfessionen: Die westliche Seite gehörte den Katholiken, die östliche den Protestanten – der Tod kennt keine Konfession.

Heute fügen sich die Grabsteine in die Parkanlage ein, eine trennende Mauer gibt es nicht mehr. Im einstigen Leichenhaus befindet sich ein Kindergarten. Auf den Grabsteinen wächst Efeu. Das Leben hat über den Tod gesiegt. Irgendwie.

Eva-Maria Bast

So geht's zum Tor:

Das verwunschene Tor befindet sich an der Südseite des Stadtparks, zur Prüfeninger Straße hin gelegen.

Was befindet sich hinter der Klappe? Stephanie Ruhfaß späht neugierig hinein.

Klappe
Straßenbahnmotor unterstützt Schiffe

Sie ist lang, sie ist schmal und sie gibt Rätsel auf. Wenn man am Donauufer entlangspaziert und die Häuser genau betrachtet, wird man sie entdecken, die blaugrüne Klappe an einem kleinen, gelben Haus. Öffnet man sie und blickt dahinter, kann man durch eine Glasscheibe in einen dunklen Raum spähen. Wer den Sinn der Klappe begreifen will, muss wissen, was sich in dem Häuschen befindet. „Das ist das Schiffswindenhäuschen, in dem eine elektrische Seilwinde untergebracht ist", sagt Stadtführerin Stephanie Ruhfaß. „Durch diese Klappe führte das Seil hindurch, mit dem die Schiffe von der Schiffswinde unter der Steinernen Brücke, die neben dem Dom Wahrzeichen von Regensburg ist, hindurchgezogen wurden." Der Motor im Häuschen, der das erledigte, war ein Straßenbahnmotor und hatte immerhin 50 PS. Warum die Schiffe unter der in den Jahren 1135 bis 1146 erbauten Brücke hindurchgezogen werden mussten? Zu Zeiten, als Schiffe noch nicht motorisiert waren oder nur schwache Motoren besaßen, war es üblich, dass sie, wenn sie stromaufwärts oder durch ein Gewässer ohne große Strömung fahren mussten, getreidelt wurden. Zu diesem Zweck zogen Zugtiere, meist Pferde, die Schiffe am Ufer entlang durch die Strömung. Diese Uferwege, die teilweise noch erhalten sind, nennt man „Treidelpfade". Bei der Regensburger Brücke kam noch erschwerend hinzu, dass sich zwischen den Pfeilern gefährliche Donaustrudel bildeten, die von den Schiffen überwunden werden mussten. Das konnten die wenigsten ohne Hilfe. Erstmals 1236 erwähnt, wurde bis 1486 am nördlichen Brückenkopf eine große hölzerne Seilwinde eingesetzt, das sogenannte „Antwerch", um die Schiffe unter der Brücke hindurchzuziehen.

Gleiches galt für die Südseite: Hier wurde 1559 eine Winde aus Holz gebaut, das „Ohmwerk", das 1610 in den eigens dafür errichteten Turm umzog. 1914 nahm man eine elektrische Winde in Betrieb, die heute noch in dem kleinen Häuschen zu sehen ist, das anstelle des früheren „Ohmturms" errichtet wurde. „Sie wird allerdings nicht mehr genutzt", sagt Stephanie Ruhfaß und erklärt: „Regensburg war eine wichtige Handelsstadt. Die geographisch und verkehrstechnisch günstige Lage an der Donau mit ihren Nebenflüssen Naab und Regen ermöglichte schnellen und recht sicheren Fernhandel nicht nur bis zum Schwarzen Meer, sondern darüber hinaus bis in den Orient und weiter nach Fernost durch den Anschluss an die Seidenstraße." Die Schifffahrt war also für Regensburg von großer Bedeutung. Durch den Fernhandel sei man in der Lage gewesen, den großen Bedarf der Regensburger Adeligen und Kleriker an Luxusgütern zu decken: „Regensburg war ja politisches Machtzentrum, mit Bischofssitz, bevorzugte Residenz der ostfränkischen Karolinger und der bayerischen Herzöge", erläutert Stephanie Ruhfaß, „und insofern gewissermaßen die einzige echte Hauptstadt des mittelalterlichen Deutschlands!" Neben den Handels-

„*Durch diese Klappe führte das Seil hindurch, mit dem die Schiffe von der Schiffswinde unter der Steinernen Brücke, die neben dem Dom Wahrzeichen von Regensburg ist, hindurchgezogen wurden.*"

wegen in den Orient habe es solche auch in den Süden über die Alpen nach Italien, ostwärts über Böhmen, Polen, Ungarn nach Russland und in Richtung Westen in die Rheinlande und nach Flandern gegeben. Die Waren, die auf diesen Wegen transportiert wurden, ließen so manches Herz höherschlagen: „Pelze, Edelmetalle und Wachs aus Ungarn, Polen und Russland", zählt Stephanie Ruhfaß auf, „sowie aus dem Orient und Italien Seide, Samt, Tuchwaren, Gewürze, Wein und exotische Früchte." Tuche kamen auch aus Frankreich und Flandern. Ein weiteres Haupthandelsgut sei das Salz gewesen, das aus den Reichenhaller Salinen nach Regensburg gelangte.

Nicht alle Waren wurden in Regensburg verkauft: „Regensburg war auch Umschlagplatz, das heißt, von hier aus wurde weiterexportiert", sagt die Stadtführerin.

So sehr der Handel auch blühte: Ende des 15. Jahrhunderts begann der wirtschaftliche Abstieg der im Mittelalter so erfolgreichen Handelsstadt Regensburg. „Die bayerischen Herzöge förderten nahe Stadtgründungen und erschwerten durch Anheben der Zölle den Handel mit Regensburg", erläutert die Kunsthistorikerin die Gründe des Niedergangs. In der Folge hätten sich die Handelswege zu Gunsten anderer Städte wie Nürnberg und Augsburg verlagert. „Diese Städte hatten nicht nur, wie Regensburg, auf den Handel gesetzt, sondern stellten auch selbst Waren her."

Die Treidelanlage wurde allerdings noch lange gebraucht. Erst als der alte Ludwig-Donau-Main-Kanal aufgrund von Kriegsschäden 1944 nur noch teilweise befahren werden konnte, zog die Schlepphilfe wesentlich weniger Schiffe durch die Brücke, 1964 wurde sie ganz außer Dienst gestellt. Und genau deshalb ist die Klappe in Vergessenheit geraten. Obwohl sich an ihr ein so bedeutendes Stück Regensburger Stadtgeschichte erzählen lässt.

Eva-Maria Bast

So geht's zur Klappe:

Die Klappe befindet sich auf der Flussseite des Hauses Am Wiedfang 5a.

Steigbügel
Als die Kirche noch ein Pferdestall war

Das ist verblüffend: In der Kirche St. Jakob hängt, in etwa fünf Metern Höhe, ein Steigbügel! Was in aller Welt hat ein Steigbügel in einem Gotteshaus zu suchen? „Man sagt, dass das eine Erinnerung an den Dreißigjährigen Krieg ist", erläutert Monsignore Martin Priller, Regens des Priesterseminars, das heute in der Kirche und dem ehemaligen Kloster beheimatet ist. „Regensburg wurde im November 1633 unter Herzog Bernhard von Sachsen-Weimar von der protestantischen Union eingenommen", erzählt er. Eigentlich, sagt Priller, sei die Stadt Regensburg damals von den bayerischen und kaiserlichen Truppen geschützt gewesen. „Aber die haben wohl nicht ausgereicht. Es ging immer hin und her. Der Dreißigjährige Krieg war eine Kette von Scharmützeln."

Der katholischen Geistlichkeit ging es schlecht nach der Einnahme der Stadt durch die protestantische Union: „Die Kirchen und Klöster wurden aufgehoben. Es fanden in den Kirchen nur protestantische Gottesdienste statt, katholische waren verboten. Selbst im Dom sollen ein Dreivierteljahr nur protestantische Gottesdienste stattgefunden haben", berichtet Martin Priller. Die schottischen Mönche, die in der Klosterkirche St. Jakob lebten, mussten ihr Bündel schnüren. „Sie durften nur mitnehmen, was sie selbst tragen konnten. Die Kirche wurde zum Pferdestall umfunktioniert." Für etwa ein dreiviertel Jahr standen nun also Pferde, wo einst Menschen ihrem Glauben nachgegangen waren. Mitte des Jahres 1634 wurde Regensburg wieder von den kaiserlichen Truppen erobert, die Protestanten suchten das Weite, und die Kirchen und Klöster wurden ihren ursprünglichen Eigentümern zurückgegeben. „Beim Aufräumen hat man offensichtlich diesen Steigbügel gefunden und ihn als Reminiszenz an diese Zeit oder als Mahnmal dort angebracht", vermutet der Monsignore.

Warum so weit oben? In etwa fünf Metern Höhe an einer Säule? So, dass ihn kaum jemand bemerkt? „Ich weiß es nicht", bekennt Priller offen.

Von Weitem ist der Steigbügel kaum erkennbar.
Aber Monsignore Martin Priller weiß, wo er hinschauen muss.

„Vielleicht sollte er unerreichbar sein, damit so etwas nie wieder passiert."
Eine andere Variante: „Die Säulen sollen den Blick ja nach oben lenken, zu Gott hin. Vielleicht soll das auch ein Steigbügel zum Himmel sein, um das Ziel, zu Gott zu kommen, zu erreichen. Aber der hängt hoch, da muss man sich strecken."

Apropos emporsteigen: Die Pferde mussten nicht, wie die Gotteshausbesucher heute, Stufen hinaufgehen, um ins Innere zu gelangen. „Damals war der Zugang noch ebenerdig", sagt Priller. Das Bodenniveau sei in dieser Zeit höher gewesen, erst im 19. Jahrhundert habe man die Stufen aus dem 12. Jahrhundert freigelegt und das umliegende Bodenniveau gesenkt.

> *„Vielleicht soll das auch ein Steigbügel zum Himmel sein, um das Ziel, zu Gott zu kommen, zu erreichen. Aber der hängt hoch, da muss man sich strecken."*

Gegründet wurde das Kloster St. Jakob im 12. Jahrhundert von irischen Mönchen. Etwas weiter im Osten, in der Nähe des heutigen Bahnhofs, habe es bereits Weih-St. Peter, eine Niederlassung der Glaubensbrüder, gegeben, berichtet der Leiter des Priesterseminars. Doch dieses Priorat sei schnell zu klein geworden. Und da die Mönche in der Stadt ein hohes Ansehen genossen – sie waren als Buchschreiber sehr gefragt oder auch als Anlaufstelle bei seelischen Nöten – sei die Unterstützung in der Bürgerschaft groß gewesen. „Also haben einige Landadelige und Regensburger Bürger den Mönchen dieses Grundstück hier zur Klostergründung geschenkt." Das Grundstück, verdeutlicht Priller, habe sich damals noch vor den Toren der Stadt befunden. „Erst später wurde die Stadtbefestigung ein Stück nach Westen verlegt und St. Jakob miteinbezogen." Die erste Kirche wurde 1111 geweiht. „Es gibt noch eine zweite Weihurkunde für 1120. Das war nicht ungewöhnlich. Es wurde der erste Abschnitt gebaut und schon mal genutzt und geweiht und dann nach Fertigstellung fand die endgültige Weihe statt." Lange gestanden habe der Kirchenbau aber nicht, nur etwa 20 bis 30 Jahre. „Es gibt eine Handschrift, die davon berichtet, dass der Bau wohl allzu eilfertig aufgezogen wurde", erklärt Priller. „Offensichtlich gab es statische Probleme. Eine andere These ist, dass die Mönche zu Geld kamen und eine größere Kirche bauen wollten. Aber ich halte die erste für wahrscheinlicher." Der zweite Bau, 1184/85 fertiggestellt, war dann etwas breiter und länger – von der ersten Kirche stehen aber noch die beiden Türme und die vordere Apsis.

Bis zum Beginn des 16. Jahrhunderts wirkten die irischen Mönche in Regensburg, dann, vor rund 500 Jahren, haben schottische Kleriker das Kloster übernommen. Die irischen Glaubensbrüder gingen zurück in ihre Heimat. „Das war ohnehin eine schwierige Zeit für das irische Kloster", berichtet der Regens. „Das Kloster war in seiner Blütezeit enorm bedeutend gewesen und auch die Ursprungsstätte vieler Klostergründungen auf dem ganzen Kontinent, die auf Mönche aus dem Regensburger Kloster zurückgehen." Aber gegen Ende des 15. und Anfang des 16. Jahrhunderts sei es mit der Blütezeit vorbei gewesen. „Es waren nur noch wenige Mönche da, insofern war die Zeit auch reif für einen Wechsel." Die Schotten hätten unter ganz ärmlichen Bedingungen angefangen. „Doch dann haben sie, wenn man so will, von den Entwicklungen der Reformation in England profitiert. Viele mussten die Insel verlassen und fanden dann hier Zuflucht." Darunter auch Ninian Winzet (1518–1592), Beichtvater von Königin Maria Stuart, der dann in Regensburg Prior und später Abt wurde. Und zwar ein ganz bedeutender.

Steigbügel im Gotteshaus.

„Er sorgte für enormen Aufschwung", sagt der Monsignore. Das Kloster habe wieder große Blüte erlangt, auch im Bereich der Wissenschaft. „Im 17. und vor allem dann im 18. Jahrhundert gab es einige bedeutende Wissenschaftler, die aus dem Kloster kamen und die etwa in Salzburg und München tätig waren und Lehrstühle innehatten." Und zwar nicht nur als Theologen, sondern auch als Architekten, Physiker und Mathematiker. Irgendwann war auch diese Zeit zu Ende: 1862 wurde das Kloster aufgehoben, seit 1872 ist hier das Priesterseminar untergebracht.

Vom irischen zum schottischen Kloster über einen Pferdestall zum Priesterseminar. Eine wahrhaft wechselvolle Geschichte!

Eva-Maria Bast

So geht's zum Steigbügel:

Der Steigbügel hängt in etwa fünf Metern Höhe in der Schottenkirche St. Jakob – gleich an der ersten Säule links des Eingangs. Die Schottenkirche steht in der Jakobstraße 3.

✝ ANNO·DOM·
M·CCC·XXXIII
DAS·DRITTES
VOR·SAND·VRB
ANS·TAG·WART
DAS·WOCHAV
DAN·VND·ZWEN
DARIN·GEVAN
GEN·DI·DIZ·HOC
GRVEGN·VND
VVRDEN·DES
NTHS·TAN·PRC
TAGS·DARNA
CH·AN·DI·ZINN
ERHANGEN

Tunnelinschrift

Die Verräter in letzter Minute gestoppt

Was aus Regensburg geworden wäre, wenn der Nachtwächter am 21. Mai 1337 seinen Dienst nur halbherzig verrichtet hätte? Wenn er seinen Rundgang wegen Müdigkeit vorzeitig abgebrochen hätte? Oder ihn gar wegen Unbehagen hätte ausfallen lassen? Nicht auszudenken! Die Geschichte der Stadt wäre eine völlig andere. „Doch zum Glück für Regensburg hat sich an jenem Dienstag hier ein wahrer Krimi abgespielt, der für die Stadt gut ausgegangen ist", verrät der Historiker Matthias Freitag. Und dieser Krimi ist – in stark verkürzter Form – in einen Stein eingemeißelt, der heute in einer Ecke im Hof des Altenheims St. Josef steht. *„Im Jahre 1337, am Dienstag vor St. Urban, ward das Loch gefunden und zwei darin gefangen, die das Loch gruben. Am darauffolgenden Freitag wurden sie an den Zinnen erhängt",* ist dort zu lesen.

Die lange Fassung geht so: Damals regierte Kaiser Ludwig der Bayer (1282–1347) das Reich und war zudem einer der Herzöge in Bayern. Dazu muss man wissen, dass der Herzogtitel sich zu Ludwigs Lebzeiten ständig veränderte und verschiedene Gebiete und Herrschaftsrechte umfasste. Regensburg war seit 1245 Freie Reichsstadt und daher ein nur dem Kaiser untergebenes Territorium. Wie eine Insel lag die Stadt in dem von verschiedenen Herzögen regierten Herzogtum Bayern. Sie hatte unter anderem das Privileg, sowohl einen Bürgermeister als auch einen Rat wählen zu dürfen. Außerdem verdiente sie mit dem Fernhandel gutes Geld. Den Regensburger Bürgern fehlte es also weder an Selbstbewusstsein noch an Loyalität für ihre Heimatstadt. Daraus ergab sich schon nach wenigen Jahrzehnten ein Machtkampf mit dem umliegenden Herzogtum Bayern, der Jahrhunderte dauern sollte. Und an diesem Machtkampf beteiligte sich 1337 auch Kaiser Ludwig. „Natürlich machte es ihn unzufrieden, auf eine so wichtige Stadt so wenig Einfluss nehmen zu können", sagt Matthias Freitag. Der Kaiser hatte Glück: Nicht alle Regensburger waren gegen ihn. Auch innerhalb der Stadtmauern hatten er und seine

Kurzkrimi in wenigen Zeilen: Die Inschrift auf dem Stein erinnert an eine glückliche Fügung in der Geschichte der Stadt Regensburg.

Verbündeten treue Anhänger. Freitag spricht sogar von „bürgerkriegsähnlichen Zuständen" zwischen einzelnen verfeindeten Familien in der Stadt. Diese machte sich Kaiser Ludwig der Bayer zunutze.

Er rückte 1337 mit mehreren Zehntausend Reitern gegen Regensburg vor. Sein Revier habe er wohl bei Bad Abbach bezogen, vermutet Matthias Freitag. Und dann wartete der Kaiser ab. Denn er wusste, dass bereits eine kleine Schar Männer rund um den Regensburger Patrizier Konrad Frumold (gest. 1339) damit begonnen hatte, einen Tunnel von innen unter der Stadtmauer hindurch nach draußen zu graben. „Durch diesen unterirdischen Gang hätten sie dem Kaiser das Signal zum Angriff geben können. Die Soldaten wären dann Mann für Mann mitten in die Stadt gelangt und hätten die Bewohner überraschen können", erläutert der Regensburger. Doch der aufmerksame Nachtwächter machte den Kaisertreuen einen Strich durch die Rechnung.

Matthias Freitag erzählt die Geschichte weiter: „Man sagt, dass der Tunnel fast fertig war und nur noch wenige Meter fehlten, als der Nachtwächter zwei Männer auf frischer Tat ertappte." Erst habe es großen Aufruhr gegeben, dann ein Schnellverfahren gegen die beiden Täter. Schon wenige Tage nach ihrer Ergreifung wurden sie an Ort und Stelle auf den Zinnen der Stadtmauer weithin sichtbar aufgehängt. So steht es in etwa auch auf der Steintafel zu lesen. Doch wie so oft in der Geschichte hatte

Historiker Matthias Freitag erinnert daran, dass hier an der Stadtmauer einst ein geheimer Tunnel gegraben wurde.

der Nachtwächter nur diejenigen gestellt, die den Plan ausführen sollten. Den Strippenzieher Konrad Frumold erwischten sie nicht. Er setzte sich erfolgreich aus der Stadt ab und hätte ein unbehelligtes Leben führen können, wenn er nicht auf eine List der Regensburger Stadtväter hereingefallen wäre.

„Man sicherte ihm weitgehende Straffreiheit zu, wenn er zurückkommen und sich stellen würde", rekonstruiert Matthias Freitag kopfschüttelnd. 200 Pfennige hätte er wohl zahlen sollen, um seine Schuld zu sühnen. Ein verlockendes Angebot? Frumold war offensichtlich dieser Meinung. Jedenfalls kehrte er nach Regensburg zurück. Anstelle der Straffreiheit wurde er jedoch kurzerhand verhaftet, gefoltert und auf grausame Art und Weise hingerichtet – durch Erdrosseln im Tunnel unter der Stadtmauer.

Matthias Freitag weiß, dass damit die Geschichte von Konrad Frumold noch nicht zu Ende ist. „Im Gebäude des heutigen Altenheims wohnte zu Beginn des 19. Jahrhunderts der letzte Fürstabt von St. Emmeram, Cölestin Steiglehner. Der kannte die Geschichte vom Tunnelbau und ließ an der Stelle, an der er den Eingang vermutete, graben. Und tatsächlich fanden seine Arbeiter dort unter der Stadtmauer menschliche Knochen. Das waren vermutlich die sterblichen Überreste von Konrad Frumold." In dieser Sache wird es für immer bei einer Vermutung bleiben, denn Steiglehner notierte den Fund zwar, ließ die Knochen aber anscheinend an Ort und Stelle liegen. Und seither wurden sie nie wieder gesehen.

Die Steintafel steht indes noch immer – wenn auch nicht mehr an ihrem Originalplatz am Ort des Stolleneingangs, sondern wenige Meter davon entfernt unter einem Dachvorsprung. Mit ihrem Kurzkrimi erinnert sie seit Jahrhunderten daran, dass die Regensburger im Jahr 1337 Glück hatten. Verdammt großes Glück.

Heike Thissen

So geht's zur Tunnelinschrift:

Der Stein mit der Inschrift steht im Hof des Altersstifts St. Josef am Ägidienplatz 6 in der linken Ecke. Der Tunneleingang befand sich an der Stadtmauer hinter der Hofausfahrt rechts.

Hund und Schwein
Tierische Abbildungen im Gotteshaus

Da ist doch ganz eindeutig ein Hund im Begriff, seitlich des Baldachin-Altars die steile Wand hinunterzuklettern! Gut, er ist aus Stein, aber irritierend ist der Anblick trotzdem. Zumal sich, wovon man sich bei einem Blick auf die andere Seite des Altars überzeugen kann, dort ein sehr freundlich aussehendes – ebenfalls steinernes – Schwein anschickt, in Richtung Boden zu gelangen. Auf die Frage, was die steinernen Tiere hier zu suchen haben, gibt es keine eindeutige Antwort, aber recht konkrete theologische Deutungsansätze. Domvikar Monsignore Dr. Werner Schrüfer erklärt, dass es möglicherweise einen Zusammenhang mit dem heiligen Kaiserpaar Heinrich und Kunigunde gibt, die als Eckfiguren an dem um 1320 entstandenen Altar angebracht sind. „Der Hund ist immer das Zeichen der Treue und das Schwein ist der Ausdruck des leiblichen Wohlstands." Es könne sich also um eine Anspielung auf die Treue des kaiserlichen Ehepaares und auf deren Reichtum handeln, sagt Schrüfer. Doch er hat noch eine viel weitergehende Erklärung. „Der Hund ist nicht nur ein Zeichen der Treue, sondern auch der Zuverlässigkeit." Es gebe eine Tradition, erläutert der Monsignore, die besagt, dass der Glaube, wenn er tief ist, etwas sehr Stabiles sei, etwas, das dem Menschen eine gute Basis gebe. „Das könnte man mit der Treue und Zuverlässigkeit eines Hundes vergleichen, ebenso wie man die Treue eines Hundes mit der Zuverlässigkeit unseres Herrn Jesus Christus gleichsetzen könnte." Doch ist auch das Schwein auf der anderen Seite des Baldachin-Altars zu berücksichtigen. „Im Evangelium treibt Jesus einen Dämon in eine Schweineherde, die Schweine stürzen sich den Hang hinunter und sind

Dieses Steinschwein wirkt sauglücklich.

Domvikar Monsignore Dr. Werner Schrüfer hat den treuen Hund im Regensburger Dom richtig gern.

tot", sagt der Domvikar. „Und in manchen Religionen gibt es ja die Tradition, dass Schweinefleisch als unrein gilt und daher nicht gegessen werden darf."

Nun müsse man wissen, dass der Baldachin-Altar, einer von fünf im Regensburger Dom, der Versuch ist, eine heilige Zone zu entwickeln, eine Zone, in der es nur Reines, Schönes und Gutes gibt. Der Baldachin schaffe eine Art Vorraum, einen heiligen Bezirk, der sich von anderen Bereichen im Dom unterscheidet. „Unter den Baldachinen", sagt Werner Schrüfer, „haben bis zu den liturgischen Veränderungen des 2. Vatikanischen Konzils (1962–1965) die Priester zelebriert. Bis dahin gab es keine gemeinsame Messfeier der Priester, sondern jeder zelebrierte an seinem Altar, dann stand der Priester sozusagen im heiligen Bereich."

„Das Schwein soll das Unreine, das Böse, von dem Altar fernhalten, während der Hund an die Zuverlässigkeit und Treue des Glaubens erinnert."

Dieser heilige Raum wurde also vom Baldachin geschützt und abgegrenzt. „Und das Schwein soll das Unreine, das Böse, von dem Altar fernhalten", überlegt Monsignore Schrüfer, „während der Hund an die Zuverlässigkeit und Treue des Glaubens erinnert." Den beiden Steintieren scheint ihre Bestimmung jedenfalls durchaus zuzusagen: Der Hund wirkt sehr zufrieden und bedenkt den, der ihn betrachtet, mit einem sehr treuen Blick. Und das Schwein? Es ist augenscheinlich sauglücklich.

Eva-Maria Bast

So geht's zu Hund und Schwein:

Die steinernen Tiere befinden sich im Regensburger Dom am Heinrich-und-Kunigunden-Altar. Das ist der erste Altar im Nordschiff. Der Dom steht am Domplatz.

F.22. Was will uns diese Kombination aus Buchstabe und Zahlen sagen?

Alte Hausnummer
Wichtiger Hinweis für die Feuerwehr

F.22. Das war's. Keine Erklärung, kein Hinweis, nichts, was den riesigen, in Stein gemeißelten Buchstaben mit den nachfolgenden beiden Ziffern erklären könnte. Dabei scheint die Information, die damit transportiert werden soll, wichtig zu sein. Warum sonst sollte der Hausbesitzer sie derart groß und prominent am Hauseck angebracht haben? Kulturreferent Klemens Unger kennt das Geheimnis – und weist darauf hin, dass diese Kombination von Buchstaben und Ziffern in Regensburg noch an mehreren Stellen auftaucht: auf alten Hausnummernschildern. Denn nichts anderes ist auch die F.22: eine Hausnummer. Und dass manche Hausbesitzer ihre Hausnummern sehr groß an ihren Häusern anbringen, das gibt's ja noch heute. Was aber haben die Buchstaben bei den Nummern zu suchen? Eine Art Reihenhaus à la: Musterstraße 1a, 1b, 1c, 1d, 1e und 1f scheint an dieser Stelle aufgrund der Bebauung ausgeschlossen. Und in der Tat hat es mit dem Buchstaben eine ganz andere Bewandtnis: „Das bedeutet, dass dieses Haus der Feuerwache F zugeordnet war", erklärt Klemens Unger. „Es gab mehrere Bezirke in Regensburg, jeder hatte einen Buchstaben und in jedem gab es einen Turm. Wenn es

REGENSBURG 59

brannte, konnte der Türmer per Trompetensignal die Bezirksnummer bekanntgeben (siehe Geheimnis 01)." Doch die einzelnen Bezirke dienten zu mehr als nur dem Brandschutz: „Bereits im hohen Mittelalter – seit dem zwölften Jahrhundert – war das Stadtgebiet in Bezirke, sogenannte Wachten, eingeteilt", schreibt Karl Bauer in seinem großen Regensburg-Buch. „Jedem dieser Bezirke stand ein Wachtmeister oder Wachtherr vor, der mit verhältnismäßig weitreichenden militärischen und polizeilichen Vollmachten betraut war." In jeder Wacht habe es eine bürgerliche Infanteriekompanie gegeben, „die sich bei Tumulten und Feuersgefahr an vorbestimmten Plätzen zu versammeln hatte". Nummeriert worden seien die Häuser 1794 „und zwar in der Weise, daß sämtliche bürgerlichen Häuser, alle jene also, die unter reichsstädtischer Gerichtsbarkeit standen, mit fortlaufenden Nummern belegt wurden". Unter Kurerzkanzler Carl Theodor von Dalberg (1744–1814) sei dann 1803 „eine verbesserte Wachteinteilung vorgenommen" worden, erläutert Bauer. „Zur Vereinfachung bezeichnete man ab 1803 jede der aus dem Mittelalter überkommenen 8 Wachten mit einem Großbuchstaben (…). Die Nummerierung sämtlicher Häuser geschah jetzt innerhalb jeder Wacht, jeweils mit 1 beginnend."

Auf diese Weise kam auch die Hausnummer F.22 zustande, die der Hausbesitzer so stolz an seinem Haus anbringen ließ. Gültig war diese Art und Weise der Nummerierung noch bis etwa 1900, dann wurden Straßennamen eingeführt. Schön, dass die F.22 noch davon kündet, wie es früher war, und das obendrein derart prominent.

Zum Schluss hat Klemens Unger noch ein Schmankerl: „Auswanderer haben dieses System der Wachten mit nach Amerika gebracht, dort wurde es übernommen. Die Fifth Avenue in New York City ist ein gutes Beispiel. Auch wenn sie keine Feuerwacht, sondern ein Polizeibezirk ist."

Eva-Maria Bast

So geht's zur alten Hausnummer:

Die alte Hausnummer befindet sich am Watmarkt 1, an der Ecke Watmarkt/Goliathstraße.

Rätselhaft: Das ist nicht der thurn und taxissche Fürstenhut!

16

Obelisk
Krone über dem Initial

Ein Initial und darüber eine Krone: An dem Obelisken, der sich stolz an der Einfahrt zu Schloss St. Emmeram erhebt, befindet sich, oberhalb des Buchstabens „C", die Krone der Wittelsbacher. Das verblüfft – schließlich residieren nicht die Wittelsbacher im Schloss, sondern, seit 1748, die Thurn und Taxis. Warum dann nicht der thurn und taxissche Fürstenhut auf dem Obelisk zu sehen ist? Nun, dieser stand einst in München, nicht in Regensburg. Genau deshalb zeigt er die Wittelsbacher Krone und nicht den Thurn und Taxis Fürstenhut.

Ursprünglich befand sich aber gar keine Krone auf dem Obelisk – und auch kein „C". „Angefertigt wurde er im Auftrag des Passauer Fürstbischofs Kardinal Joseph Franz Graf von Auersperg. Gedacht war er für den Englischen Garten seiner 1790 bis 1792 erbauten Sommerresidenz Schloss Freudenhain im Nordwesten Passaus", erzählt Dr. Peter Styra,

REGENSBURG 61

Leiter der Fürst Thurn und Taxis Hofbibliothek. Der Fürstbischof ließ in den Obelisken sein Porträt einmeißeln. Davon ist heute nichts mehr zu sehen, da der Obelisk nach der Säkularisation 1802/03 in staatlichen Besitz überging. Bayerns erster König Max I. Joseph ließ ihn in die Parkanlage des Schlösschens für seine Gemahlin Caroline, Schloss Biederstein in München, bringen. Nun wurde dort, wo sich einst das Porträt des Fürstbischofs und eine Inschrift befunden hatten, ein „C" nebst Krone für Caroline von Bayern eingemeißelt. Friederike Caroline Wilhelmine (1776–1841) war die zweite Frau von Kurfürst Maximilian IV. Joseph (1756–1825). Und dieser nahm auf Betreiben Napoleons 1806 die Königskrone an und nannte sich nun König Max I. Joseph von Bayern: So kam es zur Wittelsbacher Königskrone.

Und wie gelangte der Obelisk von München nach Regensburg? Das ist Fürst Albert I. von Thurn und Taxis (1867–1952) zu verdanken: Als 1930 das Inventar von Schloss Biederstein auf einer Auktion in München versteigert wurde, erwarb der Fürst verschiedene Gegenstände aus dem ehemaligen Besitz der Königin Caroline, darunter auch den Obelisken.

Dr. Peter Styra vor dem Obelisk.

Fürst Albert war Sohn des Erbprinzen Maximilian Anton von Thurn und Taxis (1831–1867) und der Herzogin Helene in Bayern (1834–1890). Durch Helene, eine Wittelsbacherin, waren die verwandtschaftlichen Beziehungen zwischen den Wittelsbachern und den Thurn und Taxis sehr eng geworden. „Helene heiratete am 24. August 1858 Erbprinz Maximilian Anton von Thurn und Taxis", sagt Styra. Friederike Caroline, Bayerns erste Königin, war ihre Großmutter, Maximilian, der erste König von Bayern, ihr Großvater. Drei Tage vor Weihnachten 1858 zogen Erbprinz Maximilian Anton und Helene in Regensburg ein. In dieser Zeit, sagt Styra, waren die Beziehungen der Familien Wittelsbach und Thurn und Taxis, wie auch heute, entspannt und freundschaftlich.

Doch so ungetrübt waren sie nicht immer: „Noch unter Bayerns erstem König Maximilian waren trotz verwandtschaftlicher Bande die Spannungen groß, allerdings ging es nicht um Personen, sondern um die Post", erläutert der Archivar. Denn nachdem die Thurn und Taxis 1664 das Postwesen in Bayern übernommen hatten, entwickelten sie es zu einem florierenden Unternehmen. Als aber Kaiser Franz II. 1806 die Kaiserkrone niederlegte, war der Weg zur Verstaatlichung der Post in Bayern frei. Zwar überließ der König den Thurn und Taxis die Post im Königreich als bayerisches Lehen. „Doch 1808 etablierte sich die Königlich Bayerische Staatspost, der Fürst behielt lediglich die Würde des Erbgeneralpostmeisters der bayerischen Posten und eine Leibrente von jährlich 100.000 Gulden", sagt Peter Styra.

Wie gut die Beziehungen sich im 19. Jahrhundert entwickelt hatten, kann man einem privaten Brief König Ludwigs I. entnehmen. Nach einem Besuch in Regensburg anlässlich der Grundsteinlegung der Walhalla, für die Fürst Karl Alexander das Grundstück an der Donau gestiftet hatte, schrieb der König an Fürstin Therese am 21. Oktober 1830: „(…) kann ichs mir nicht versagen meinen innigen Dank, auch schriftlich auszudrücken für alles Schöne Prächtige, für alles Herzliche was mir von meinen lieben taxisschen Verwandten geworden. Sich bey Bekannten früher Jugend zu befinden, in denen dasselbe Blut rollt wie in mir, dieses läßt fühlen was kein Anderer zu empfinden gibt." König Ludwig unterzeichnete „Mit wohlbehüteten Gefühlen, Ihr Ihnen anhänglichster Vetter Ludwig".

Der Obelisk wurde 1930 im Rasendreieck in der Haupteinfahrt aufgestellt und erinnert seither an die vielfältigen verwandtschaftlichen und geschäftlichen Verflechtungen zwischen den Häusern Wittelsbach und Thurn und Taxis. Und übrigens: Fürst Albert II., heutiger Chef des Hauses Thurn und Taxis, trägt neben zahlreichen anderen immer noch den Titel eines „Erbgeneralpostmeisters".

Eva-Maria Bast

So geht's zum Obelisken:

Der Obelisk befindet sich am Eingang des Schlosses St. Emmeram. Das Schloss steht am Emmeramsplatz 5.

Steinkreuz
Sühne für einen schrecklichen Mord

Das klingt gar nicht schön. Es klingt sogar ziemlich grausam: „HEINR" kann man lesen „ZANT", „ERSLAGE" und „MCCC / IN DEM DREI / TZEHENTEM / IAR". Mehr lässt sich nicht entziffern, zu stark verwittert ist die Inschrift an dem gotischen, etwa drei Meter hohen Steinkreuz. Aber das, was man dieser verwitterten Inschrift entnehmen kann, reicht aus, um die schreckliche Geschichte zu erahnen. Offenbar wurde ein Mann namens Heinrich Zant im Jahr 1313 erschlagen. Historiker Joachim Friedl, der über die Familie Zant promovierte, hat die Geschichte recherchiert und herausgefunden, dass es sich bei dem Ermordeten um Heinrich Zant auf Donau handelte. „Er gehörte zu einer Seitenlinie der Familie Zant, einer der einflussreichsten und wohlhabendsten Familien Regensburgs im Mittelalter", sagt er. „Seine Verwandten waren Schultheißen, das heißt, sie hatten das höchste Richteramt in der Stadt inne."

„Er gehörte zu einer Seitenlinie der Familie Zant, einer der einflussreichsten und wohlhabendsten Familien Regensburgs im Mittelalter."

Viel wisse man über Heinrich Zant auf Donau nicht, bedauert der Historiker. Die dürftige Quellenlage lasse darauf schließen, dass er im geschäftlichen, politischen und sozialen Leben der Stadt keine große Rolle gespielt habe. Er habe vermutlich zwei Söhne gehabt, über die Ehefrau sei nichts bekannt.

Warum musste Heinrich Zant auf Donau sterben? Joachim Friedl stieß auf einen Konflikt der Familie Zant mit einem Mann namens Werner Straubinger. Die Familien Zant und Straubinger seien wirtschaftlich eng verbunden gewesen, erzählt Friedl. „Für das Jahr 1302 ist eine Handelsvereinigung belegt, die aus den Familien Zant, Straubinger, Gumprecht und Gemlinger bestand und damit ausschließlich Familien in sozialer Spitzenposition umfasste." Das Handelsunterneh-

Joachim Friedl kennt die Geschichte des Zantkreuzes.

men sei durchaus erfolgreich gewesen. Doch dann habe Werner Straubinger begonnen, Regensburger Bürger vor stadtfremden Gerichten zu verklagen. „Dies war durch zahlreiche königliche Privilegien verboten. Das Recht, nur vor eigenen Gerichten erscheinen zu müssen, war den Regensburger Bürgern außerordentlich wichtig", sagt Friedl. Die Bürgerschaft habe sehr verärgert reagiert, am 4. Dezember 1312 habe man Werner Straubinger aus der Stadt verbannt. Allerdings wurde die Verbannung am 2. Juli 1313 wieder aufgehoben. Was das alles mit der Familie Zant zu tun hat? Zum einen hatte sie das Schultheißenamt inne und war damit quasi Rechtsvertreter an höchster Stelle. Zum anderen ist ein privater Streit zwischen dem Schultheißen Zant und Werner Straubinger dokumentiert, in dessen Mittelpunkt Offmey Zant steht. Das war die Schwester des Schultheißen, der, wie auch der Ermordete, ebenfalls den Vornamen Heinrich hatte. Offmey Zant war aber nicht nur Heinrich Zants Schwester, sondern auch die Ehefrau Werner Straubingers. Und der klagte, der Schultheiß gehe mit „geistlichen Rechten" gegen die Ehe zwischen seiner Schwester und ihm selbst vor. „Das ist wohl der Ausgangspunkt für die Feindschaft", vermutet Joachim Friedl. Warum die Zants die Ehe auflösen wollten, sei nicht klar, vielleicht, weil Straubinger als Verbannter eine Persona non grata war. Mit dem armen Heinrich Zant auf Donau hatte das eigentlich wenig zu tun, war Offmey doch nicht seine eigene, sondern die Schwester des gleichnamigen Schultheißen Heinrich Zant. Eine Verwechslung? Joachim Friedl glaubt das nicht. Er geht davon aus, dass man mit der Ermordung Heinrich Zants auf Donau die gesamte Familie und damit auch den Schultheißen treffen wollte. „Vielleicht wollte er die Zants unter Druck setzen, scheute aber vor der Ermordung des höchsten Richters der Stadt zurück und wählte stattdessen bewusst einen vergleichsweise unbedeutenden Vertreter der Zant und entfernteren Verwandten des Schultheißen aus."

Jedenfalls hatte der arme Heinrich Zant auf Donau mit der ganzen Sache eigentlich gar nichts zu tun.

Und wer stiftete das Steinkreuz? Nach Ausführungen Joachim Friedls kann es sich hierbei sowohl um ein Memorialkreuz handeln, ein

Gedenkkreuz, das die trauernde Familie aufstellte, als auch um ein Sühnekreuz – wenngleich es für ein solches auffällig hochwertig gearbeitet sei. Sühnekreuze wurden von den Tätern aufgestellt: Oft, berichtet der Historiker, hätten sich im Mittelalter die geschädigten Familien direkt mit den Tätern in einem sogenannten Sühnevertrag geeinigt. Nur wenn sich die Konfliktparteien nicht verständigen konnten, habe sich die Obrigkeit eingeschaltet. „Zwar war das Mittelalter keineswegs eine rechtsfreie Zeit, aber die Dichte der obrigkeitlichen Verwaltung war gering. So blieb eben auch die Erfassung von Tötungsdelikten durch offizielle Stellen locker." Das Aufstellen eines Sühnekreuzes war eine typische Buße, ebenso wie zum Beispiel Wallfahrten, Verbannung oder die Zahlung einer Entschädigung, des sogenannten „Wergelds". Bei den Sühnekreuzen sei es den Angehörigen auch um das Seelenheil des Verstorbenen gegangen, zumal jeder, der vorbeikam, dann am Kreuz ein Gebet sprach, erklärt der Historiker. Wer auch immer das Kreuz aufstellte: Heinrich Zant auf Donau, der vermutlich unschuldig sterben musste, tut ein stilles Gebet sicherlich auch noch so viele Jahrhunderte nach seinem Tod gut – wenn man am Kreuz innehält und seiner gedenkt.

Eva-Maria Bast

So geht's zum Steinkreuz:

Das Kreuz steht gegenüber dem Haus Gutenbergstraße 5b.

Hundsumkehr
Bis zum Ende und nicht weiter

Dass sich hier einmal eine der Hauptausfallstraßen der Stadt befunden haben soll, ist kaum zu glauben. Denn dieses Sträßlein ist an Ruhe und Idylle kaum zu übertreffen. Am Ende der Sackgasse steht das Prebrunntor und versperrt mit seinem vermauerten Durchlass Spaziergängern und Autofahrern gleichermaßen den Weg. Gleich nebenan fließt träge die Donau, die Vögel zwitschern in den Bäumen. Und auch der Straßenname „Hundsumkehr" lässt nicht erahnen, dass hier einst reger Verkehr herrschte. „Trotzdem stehen wir gerade auf der ehemaligen Fernstraße nach Nürnberg, einem der wichtigsten Handelswege, die Regensburg im Mittelalter besaß", erklärt Matthias Freitag. Wie konnte aus einer großen Handelsstraße ein kleines, unscheinbares Gässlein werden?

Der Dreißigjährige Krieg (1618–1648) ist schuld! Das jahrzehntelange blutige Ringen um die Vorherrschaft in Europa ging auch an der Donaustadt nicht spurlos vorbei. Seit 1619 hatten die Bayern Regensburg besetzt und hier ihre Soldaten einquartiert, die verköstigt, untergebracht, bezahlt und mit kriegsrelevantem Material ausgestattet werden mussten. „Der Magistrat war in Verzweiflung, es war ihm nicht möglich die täglichen neuen Verlangen zu leisten", schreibt der Historiker Christian Gottlieb Gumpelzhaimer (1766–1841) in seiner Geschichte Regensburgs über die Nöte der Stadt. „Als im Jahr 1633 die Schweden vor der Stadt standen, ließ der damalige Kommandant von Regensburg das Prebrunntor vermauern und dahinter zum Schutz der Stadt die Erde zu einem Festungswerk aufschütten. Von dort oben wollten die Regensburger dann die Feinde mit Kanonen beschießen", hat Matthias Freitag in Erfahrung gebracht. Noch heute ist hinter dem

> „Trotzdem stehen wir hier gerade auf der ehemaligen Fernstraße nach Nürnberg, einem der wichtigsten Handelswege, die Regensburg im Mittelalter besaß."

Historiker Matthias Freitag interessiert sich für kuriose Straßennamen in Regensburg. Die „Hundsumkehr" hat es ihm besonders angetan.

Prebrunntor – am Rande des Herzogsparks – deutlich die Erhöhung zu sehen. „Den 31. machten die Bayern, welche vermutheten, daß bei dem Prebrunner-Tor eine Bresche würde geschossen werden, ein Bollwerk hinter der Mauer, um so einen leidlichen Akkord zu erhalten", vermerkt Gumpelzhaimer dazu.

Diese Maßnahme nützte den Regensburgern wenig. Am 2. November 1633 erhöhten die Schweden mit Kanonen den Druck auf die Prebrunner Mauern derart, dass dort schließlich ein großes Loch klaffte, und am 14. November 1633 drangen sie in die Stadt ein. Erst neun Monate später konnten die kaiserlichen und bayerischen Truppen sie aus der Stadt vertreiben.

Doch von dieser Zeit an war die Straße nicht mehr passierbar – und daran hat sich bis heute nichts geändert. „Ich kann mir ziemlich gut vorstellen, wie die Leute im 17. Jahrhundert sich darüber unterhalten haben, wie man nur auf die Idee kommen kann, aus so einer Straße eine Sackgasse zu machen", schmunzelt der Regensburger Historiker. Schließlich war die Straße jahrhundertelang viel befahren und genutzt worden. „Das hat die Regensburger anscheinend so beschäftigt, dass sie die Straße von da an als die ultimative Sackgasse bezeichneten – schließlich bedeutet der Name ‚Hundsumkehr' nichts anderes", erklärt Matthias Freitag.

Denn hier wurden zu keiner Zeit in der Geschichte der Stadt Regensburg so viele Hunde Gassi geführt, dass sich das im Namen der

Was hat es mit dem Straßennamen „Hundsumkehr" auf sich?

Straße niedergeschlagen hätte – auch wenn das eine naheliegende Erklärung wäre. Matthias Freitag weiß: „Der Begriff ‚unz' oder ‚hunz' ist eine Präposition, die so viel wie ‚bis' oder ‚bis hin zu' bedeutet." Man konnte „unz Dienstag" genauso sagen wie „unz auf den Berg", die Präposition also sowohl zeitlich als auch räumlich benutzen. Für das Sträßlein am äußersten Nordwesten der Altstadt galt also, dass man dort „hunz Umkehr", also „bis zur Umkehr" gehen konnte, aber nicht weiter. Dass sich in den amtlichen Straßennamen der Hund eingeschlichen hat, lag wohl daran, dass beim offiziellen Aufzeichnen der Straßennamen der Name entweder falsch verstanden wurde oder der zuständige Beamte eher an ein Tier dachte als an eine Präposition aus dem Frühneuhochdeutschen. Mit Hunden hat die Hundsumkehr also rein gar nichts zu tun, sehr wohl aber mit dem Dreißigjährigen Krieg und dem Versuch der Stadt, sich und ihre Bewohner vor dem Schlimmsten zu bewahren.

Heike Thissen

So geht's zur Hundsumkehr:

Zur Hundsumkehr gelangt man unter anderem über die Holzländestraße entlang der Donau Richtung Herzogspark. Die Holzländestraße mündet in die Hundsumkehr.

Fürst der Welt
Verführer mit Apfel und Schlange

Wer diese Treppe hinaufsteigt, hat in aller Regel Hunger. Sein Ziel ist das Restaurant Haus Heuport im ersten Obergeschoss. Da bleibt keine Zeit, ausgiebig die beeindruckende Umgebung zu betrachten! Allenfalls wird man vielleicht noch die alte Eichentreppe wahrnehmen, die man emporsteigen muss, um in den Genuss von Speis und Trank zu kommen. Dabei wäre es gerade für Damen, die vielleicht einem Rendezvous entgegeneilen, ausgesprochen wichtig, sich noch einmal umzublicken. Denn dann würden sie vielleicht entdecken, was nach Beobachtung von Kulturreferent Klemens Unger die allermeisten Menschen übersehen: die beiden Figuren neben der Treppe, die aus der ersten Hälfte des 14. Jahrhunderts stammen.

„Man sieht einen feschen jungen Mann mit dem Apfel in der Hand, das ist natürlich ein Zeichen der Verführung", sagt Klemens Unger und spielt damit auf die Verführung Adams durch Eva und ihren Apfel an. „Der junge Mann hier umwirbt diese junge Dame, und wenn sie sich auch noch etwas ziert, so scheint sie augenblicklich den Werbungen des jungen Mannes zu erliegen." Dass das aber keineswegs klug, sondern töricht ist, sehe man daran, dass sie die Öllampe nicht nach oben, sondern nach unten hält, was zeigt, dass die Lampe leer ist. „Das ist also eine Darstellung der törichten Jungfrau", erklärt Unger. „Töricht ist sie, weil sie sich die ganze Sache nicht von zwei Seiten anschaut. Täte sie das, würde sie nämlich bemerken, dass dem Mann eine teuflische Schlange aus dem Rücken kriecht und dass es sich um eine teuflische Verführung handelt." Diese Darstellung nennt man in der Kunstgeschichte „Fürst der Welt", eine solche befindet sich auch am Freiburger und am Straßburger Münster. Auch hier soll der Apfel auf die Verführung hinweisen. In der Offenbarung des Johannes heißt es dazu: „Und es ward ausgeworfen der große Drache, die alte Schlange, die da heißt der Teufel und Satanas, der die ganze Welt verführt, und ward geworfen auf die Erde."

Klemens Unger betrachtet die Figuren, an denen so viele Menschen achtlos vorübergehen.

Auch in Straßburg sind die törichten Jungfrauen mit ihren nach unten gekehrten Öllampen dem Fürst der Welt verfallen. Im Gleichnis von den klugen und törichten Jungfrauen kommt allerdings nicht, wie in Regensburg, nur eine Jungfrau vor, sondern zehn: Sie gehen mit ihren Lampen ihrem Bräutigam entgegen. Fünf sind klug, fünf töricht. Die fünf klugen Jungfrauen nehmen in einem Gefäß Öl mit, mit dem sie ihre Lampen nachfüllen können. Die törichten Jungfrauen haben keinen Nachschub dabei, ihre Lampen sind erloschen, als der Bräutigam kommt. Zwar versuchen sie rasch noch, beim nahegelegenen Krämer Öl zu bekommen, aber als sie zurückkehren, hat sich die Tür hinter dem Bräutigam und den klugen Jungfrauen schon geschlossen: „Zuletzt kamen auch die anderen Jungfrauen und sprachen: Herr, Herr, tu uns auf! Er antwortete aber und sprach: Wahrlich ich sage euch: Ich kenne euch nicht. Darum wachet; denn ihr wisset weder Tag noch Stunde, in welcher des Menschen Sohn kommen wird."

Lasst euch nicht unbedacht verführen! Steinerne Warnung an die Damenwelt.

Warum der Fürst der Welt in Regensburg an der Treppe abgebildet ist – mit einer einzigen törichten Jungfrau? „Vielleicht hat die Dame des Hauses mal schlechte Erfahrungen gemacht", überlegt Klemens Unger. „Jedenfalls hat man 1815 unter der Treppe ein Stück Pergament, ungefähr 40 Zentimeter lang, herausgeholt." Lange Zeit ging man davon aus, dass es sich dabei um den ältesten deutschen Liebesbrief handelt. Susanne Ehrich kommt aber in ihrem Aufsatz „Der Regensburger Liebesbrief" zu dem Schluss, dass das um 1360 entstandene Schriftstück „entgegen einer lang tradierten und gern aufgegriffenen Forschungsmeinung wohl nicht der älteste deutsche Privatliebesbrief" sei. Aber einer der ältesten allemal. „Ob die Empfängerin mit dem Verfasser der Zeilen schlechte Erfahrungen machte und danach den Fürsten der Welt mit der törichten Jungfrau anbringen ließ?", überlegt Klemens Unger. Datiert wird die Darstellung auf die ausgehende erste Hälfte des 14. Jahrhunderts und der Brief auf den Anfang der zweiten Hälfte. Dennoch könnte es einen Zusammenhang geben – zumal Datierungen über einen solch langen Zeitraum nicht ganz einfach sind. Und es ist schon auffällig, dass Skulptur und Brief wohl in einem ähnlichen Zeitraum entstanden.

Des Schmeichelns war der Verfasser der Liebesschwüre in Versform jedenfalls mächtig: In bairischem Dialekt schreibt er zunächst an den Brief selbst, den er mit „Vil lieber prief" anspricht. Es versetzt den Schreiber in Entzücken, dass „si list dich mit irem rotem munt". Erst später wird die Empfängerin persönlich angesprochen – als „Ach herczen liebe frawe mein".

Wie auch immer die Geschichte dieses Liebespaars zu Ende ging: Dass nicht nur Frauen Gefahr laufen, sich durch ein charmantes Lächeln und einen hübschen Apfel verführen zu lassen, dürfte hinreichend bekannt sein.

Eva-Maria Bast

So geht's zum Fürsten der Welt:

Die steinerne Verführungsszene spielt sich an der Mauer neben dem Treppenaufgang im Haus Heuport (Domplatz 7) ab. Die Treppe führt vom Foyer zum Restaurant im ersten Stock.

Steinerne Semmeln
Junges Leben endet in schmaler Gasse

Die Zutaten zu dieser Geschichte: Ein sehr schmales Gässchen. Ein Bäcker. Ein kleiner Junge. Eine Kuh. Und zwei steinerne Halbkugeln, die sich in diesem Gässchen an einer Hauswand befinden. Wann die Geschichte spielt, ist nicht ganz klar, wahrscheinlich im Mittelalter. Doch der Zeitpunkt der Handlung ist eigentlich auch gar nicht wichtig – denn es ist eine Geschichte, die vom Tod eines Kindes erzählt und von seinen trauernden Eltern. Und der Schmerz über den Tod eines Kindes dürfte sich in allen Jahrhunderten gleich angefühlt haben, ungeachtet dessen, dass es im Mittelalter – und auch noch lange Zeit danach – aufgrund der schlechteren medizinischen Versorgung weitaus mehr verwaiste Eltern gab als heute. Nina Köstler, Redakteurin bei der Mittelbayerischen Zeitung, hat sich vor einiger Zeit in Regensburg auf Spurensuche begeben und ist dabei auf das Gässchen gestoßen, das, wie sie erzählt, das engste in ganz Regensburg ist. Dabei entdeckte sie auch die beiden Kugeln an der Hauswand. „Man erzählt sich, dass der Sohn eines Bäckers eines Tages mit einem Korb voller Semmeln durch dieses Gässchen

Die steinernen Kugeln – Semmeln – an der Hauswand.

ging und von einer Kuh, die ihm entgegenkam, erdrückt wurde", berichtet die Journalistin. Die Hinterbliebenen hätten daraufhin an der Stelle, an der sich das Unglück ereignet hat, einen Gedenkstein mit zwei steinernen Semmeln anbringen lassen. Vermutlich deshalb so nah am Boden, weil die Semmeln dort durch den Unfall landeten. Das

Nina Köstler schaut sich die Semmeln aus der Nähe an.

ist auch schon die ganze Geschichte – in all ihrer Tragik. Die steinernen Semmeln setzen, so die Sage, dem Jungen ein ewiges Denkmal.

Aber auch die Kuh, die schuld am Schicksal des Kindes gewesen sein soll, bekam ein Denkmal: „Aufgrund dieses Ereignisses erhielt das Kuhgässel seinen Namen", sagt Nina Köstler. Wobei zeitweise auch die Variante kursierte, eine Hexe haben den Knaben an die Wand gedrückt. Aber die Kuh setzte sich letztendlich durch. Auch zur Namensgebung gibt es noch eine zweite Version, die nämlich, dass hier eine trächtige Kuh steckenblieb und erst wieder herauskam, als sie das Kälbchen geboren hatte.

Woher auch immer der Name kam: „Kaum einer denkt darüber nach, warum das Kuhgässel heißt, wie es heißt", versichert die Redakteurin. „Die wenigsten kennen die beiden Versionen."

Und die steinernen Semmeln befinden sich so weit am Boden, dass man ihnen kaum Beachtung schenkt. Bestimmt würde sich der trauernde Vater posthum freuen, wenn man an dieser Erinnerungsstätte für seinen verstorbenen Sohn dann und wann ein Blümchen niederlegt.

Eva-Maria Bast

So geht's zu den steinernen Semmeln:

Die steinernen Semmeln befinden sich im Kuhgässel an einer Hauswand, knapp über dem Boden. Das Kuhgässel geht von der Lederergasse ab. Das Rühlgässel verläuft östlich, das Spatzengässchen westlich.

Katharina im Stein blickt in ein zerbrochenes Wagenrad.

Katharina im Stein
Für die Tochter des Hauses

Der Kohlenmarkt ist ein zentraler Punkt in der Stadt. Und das seit vielen Jahrhunderten. Menschen gehen dick beladen mit Einkaufstüten in Richtung Haidplatz, in Richtung Dom, in Richtung Fischmarkt – oder in Richtung Untere Bachgasse. Und wenn man in die Untere Bachgasse einbiegt, dann kommt man an einem großen Stein vorbei, der am Eckhaus zum Kohlenmarkt steht. Etwa einen Meter hoch ist er und man schenkt ihm eigentlich nur flüchtig Beachtung – bis man bemerkt, dass aus dem Stein ein Frauengesicht herausgemeißelt ist, das in ein Wagenrad blickt. Was hat es damit auf sich?

Der Künstler Günter Mauermann, der in den 1980er-Jahren auch den Brunnen auf dem Kohlenmarkt gestaltet hat, hat die Skulptur gehauen. Der Grund war, wie er erzählt, ein ganz einfacher: Der Stein sollte Schutz vor Autos bieten, die die Hausecke beschädigen könnten. Denn auch wenn es sich um eine Fußgängerzone handelt, fahren dann und wann doch Autos hindurch. Damals, berichtet er, habe sich in dem Haus das Farbengeschäft Eckert befunden. „Der Besitzer hatte eine Tochter namens Katharina, deshalb habe ich mir überlegt, dass ich auf dem Stein die heilige Katharina abbilden könnte. Und weil ihr Attribut das zerbrochene Wagenrad ist, habe ich sie mit dem Wagenrad abgebildet." Katharina von Alexandria, die im 3. und frühen 4. Jahrhundert gelebt haben soll, war der Legende nach unermesslich schön, unermesslich reich und unermesslich klug und habe einen Mann nach dem anderen abgewiesen, sogar den römischen Kaiser Maxentius (278–312). Außer sich vor Wut, ließ er die Schöne, deren Ziel es war, das Christentum zu verbreiten, auspeitschen und einsperren, dann sollte sie gerädert und geviertteilt werden. Doch die Räder brachen entzwei und töteten nicht Katharina, sondern ihre Folterer! Die vom Kaiser Verfolgte fand daraufhin immer mehr Anhänger, und als dieser sie enthaupten ließ, soll aus ihrer Wunde kein Blut, sondern Milch geströmt sein. Von Engeln getragen, flog Katharina auf den Berg Sinai.

So geht die Geschichte zur heiligen Katharina, so geht die Geschichte zum Stein in Regensburg – der allerdings in doppeltem Sinne ein Geheimnis ist: Dass er durch die Darstellung der Katharina einen Bezug zum Hause Eckert setzen wollte, hat Günter Mauermann nämlich nie jemandem verraten – bis jetzt.

Eva-Maria Bast

„*Weil ihr Attribut das zerbrochene Wagenrad ist, habe ich sie mit dem Wagenrad abgebildet.*"

So geht's zu Katharina im Stein:

Der Stein steht am Eckhaus Untere Bachgasse/Kohlenmarkt.

Birgit von Paczensky betrachtet das Steinmetzzeichen ganz genau.

22
Steinmetzzeichen
Fleißige Männer und ein prachtvoller Bau

Wer vor dem Regensburger Dom steht, ist angesichts dieses prächtigen Gotteshauses regelrecht erschlagen. So vieles gibt es zu sehen, so viele Details ziehen die Blicke auf sich! Den Dom könnte man, nicht zuletzt dank des reichen figürlichen Schmucks, allein schon von außen einen ganzen Tag lang betrachten, ohne sich zu langweilen. Wenn es aber so viel zu sehen gibt, dann ist die Gefahr, dass man die ganz kleinen, unspektakulären Dinge übersieht – Steinmetzzeichen zum Beispiel – besonders groß. An mehreren Stellen am und im Dom befinden sich diese kleinen, eingeritzten Zeichen, die ein wenig wie Runen aussehen. „Insge-

REGENSBURG 81

samt gibt es am Dom 10.700 verschiedene Steinmetzzeichen", erzählt Stadtführerin Birgit von Paczensky. „Sie dienten der Abrechnung: Wenn ein Steinmetz einen Stein gehauen hatte, meißelte er sein persönliches Zeichen ein, und am Zahltag konnte man daran sehen, wie viele Steine er gehauen hatte." Daran, dass es am Dom so viele Steinmetzzeichen gibt, lässt sich eindrucksvoll aufzeigen, wie viele Steinmetze an dem mächtigen Bauwerk gearbeitet haben. „Insgesamt hat der Bau, der um 1260 begonnen wurde, 600 Jahre gedauert." Das scheint nun doch etwas lang. Birgit von Paczensky erklärt: „Anfang des 16. Jahrhunderts musste hier ein Stopp eingelegt werden, weil die Stadt kein Geld mehr hatte." 1486 hatte Herzog Albrecht IV. (1447–1508), auch der Weise genannt, das zu jener Zeit wirtschaftlich geschwächte Regensburg unter seine Herrschaft gebracht. Lange währte dieses Zwischenspiel aber nicht: Kaiser Friedrich III. (1415–1493) zwang ihn sechs Jahre später, 1492, Regensburg wieder herauszugeben und die Reichsunmittelbarkeit der Stadt anzuerkennen, nachdem er den Herzog und die Stadt unter die Reichsacht gestellt hatte.

Zeichen, die wie Runen wirken, künden davon, wie viele Steinmetze am Dombau beteiligt waren.

Etliche Bürger, darunter auch Dombaumeister Wolfgang Roritzer, waren davon aber nicht wirklich angetan. „Denn finanziell", macht von Paczensky deutlich, „ging es durch diese neue politische Situation unter dem Kaiser bergab. Herzog Albrecht IV. hingegen hatte große Pläne für Regensburg gehabt, wollte eine Universität gründen, sich ein Schloss bauen, hatte Ideen, wie er die Stadt wieder auf Vordermann bringen könnte." Als der Reichshauptmann, unter dessen Aufsicht Regensburg bis dato stand, 1513 starb, sollte ein neuer eingesetzt werden. „Aber es gab große Aufstände, und unter den

Rädelsführern war auch Wolfgang Roritzer", sagt die Stadtführerin. Am 2. April 1514 kam eine kaiserliche Kommission in die Stadt mit der Aufgabe, die Verhältnisse endgültig zu klären. „Roritzer gab immer noch nicht klein bei und stellte sich klar gegen den Kaiser", erzählt Birgit von Paczensky. „Und er hat auch versucht, bei der Bürgerschaft Stimmung gegen den Kaiser zu machen." Die Kommissare des Kaisers forderten vom Bischof, Roritzer, der Kirchenasyl gesucht hatte, auszuliefern, doch der Kleriker weigerte sich. „Trotzdem verhaftete man Roritzer und enthauptete ihn am 30. Mai 1514", schildert von Paczensky. „Man hat ihn geköpft, damit jeder sehen konnte, dass der Kaiser auch nicht davor zurückschreckt, einen angesehenen Bürger und Dombaumeister hinzurichten – weil er auf der Seite des Herzogs war."

„Wenn ein Steinmetz einen Stein gehauen hatte, meißelte er sein persönliches Zeichen ein und am Zahltag konnte man daran sehen, wie viele Steine er gehauen hatte."

Sechs Jahre nach Roritzers Tod waren die Bauarbeiten am Dom vorübergehend fertiggestellt. 100 Jahre später wurde das Gotteshaus barockisiert, um dann 1828 bis 1841 unter Ludwig I. (1786–1868) regotisiert zu werden. Anschließend wurden auch die Turmspitzen vervollständigt.

Nachdem Ludwig I. ab 1859 die Türme hatte vollenden lassen, sind sie nun 105 Meter hoch – fast doppelt so hoch wie der Rathausturm mit seinen 55 Metern. Aber der Wetteifer zwischen weltlicher und kirchlicher Macht gehört ohnehin der Vergangenheit an und damit auch die Frage, wer den höheren Turm hat.

Eva-Maria Bast

So geht's zum Steinmetzzeichen:

Im und am Regensburger Dom gibt es zahlreiche Steinmetzzeichen. Eines befindet sich zum Beispiel an der Westfassade rechts neben dem linken Portal. Der Dom steht am Domplatz.

Turm

Im Bild wiederauferstanden

Da stimmt doch was nicht, dachte sich Dr. Peter Styra, Leiter der thurn und taxisschen Hofbibliothek, als ihm eines Tages ein Foto aus dem Jahr 1941 in die Hände fiel, das den taxisschen Familienaltar aus dem 16. Jahrhundert abbildet. Auf dem Foto fehlten zwei Personen! Um ganz sicher zu gehen, marschierte Styra in den Winterchor, wo der Altar aufgestellt ist, und schaute nach. Tatsächlich: Auf dem Tryptichon, also dem dreiteiligen Bild, sind zwei Personen mehr dargestellt, als auf dem genannten Foto zu sehen sind. Dafür, das war Peter Styra schnell klar, kann es nur eine Erklärung geben: Die zwei Figuren, nämlich der Junge auf dem linken und das Mädchen auf dem rechten Flügel des Tryptichons, wurden später hinzugefügt: „Bei dem Jungen auf dem linken Flügel verraten bei genauem Hinsehen die farblichen Übergänge, dass diese Figur nachträglich ergänzt wurde. Das Mädchen rechts ist jedoch fachmännischer eingefügt. Eventuell wurde hier auch der Hintergrund angeglichen", kommentiert er.

Aber warum sollte jemand im 20. Jahrhundert zwei Menschen in ein Altarbild aus dem 16. Jahrhundert hineinmalen? Vielleicht aus einer unendlichen Trauer heraus: Styra unterzog den Altar einer genauen Untersuchung, verglich die abgebildeten Gesichter der beiden „neuen" Personen mit Familienfotos, die im fürstlichen Zentralarchiv vorliegen, und kam zu dem Schluss, dass es sich wohl um zwei verstorbene Kinder des Erbprinzen Franz Joseph (1893–1971) und seiner Ehefrau Elisabeth, Prinzessin von Braganza, Infantin von Portugal (1894–1970), handelt. Nämlich um Margaretha Michaela, die nur einen Tag alt wurde und am 17. Dezember 1922 starb. Und um ihren Zwillingsbruder, den Erbprinzen Gabriel, der 1942 im Alter von 21 Jahren in den Kämpfen des Zweiten Weltkriegs bei Stalingrad fiel. „Das waren die ersten Kinder von Fürst Franz Joseph und Fürstin Elisabeth", sagt Peter Styra. „Nachweislich war der Tod beider Kinder für die Familie Thurn und Taxis ein Schock." Nun mag der Wunsch entstanden sein, den beiden Verstorbenen auf dem

Dr. Peter Styra vor dem Atelierturm, in dem Fürstin Margarethe von Thurn und Taxis wirkte.

Altar der Familie ein Andenken zu setzen und sie mit ihren Urahnen abzubilden. Auf dem Altar ist die Kreuzigung Christi zu sehen, der mehrere Heilige und die Familie des Johann Baptista von Taxis (1470–1541) beiwohnen. Dabei kniet das Familienoberhaupt vor einer Betbank auf der Mitteltafel, gegenüber dessen Ehefrau Christina von Wachtendonck (gest. 1561). Auf den Altarflügeln reihen sich hinter der Mutter rechts die Töchter, hinter dem Vater links die Söhne jeweils in Begleitung eines Heiligen an. Und nun eben auch die Ur-ur-ur-ur-Enkel.

Der thurn und taxissche Familienaltar.

Wer die Bilderergänzung vornahm? Hier kommt die Großmutter, Fürstin Margarete (1870–1955), ins Spiel: Sie war künstlerisch sehr begabt und hatte im Turm des fürstlichen Anwesens ein Atelier. Der Turm ist heute noch zu sehen. Hier schuf sie nach dem Tod ihres Enkels auch ein Wandepitaph aus Kalkstein, das sich in der Gruftkapelle in Schloss St. Emmeram befindet. „Es ist also durchaus vorstellbar, dass in dieser Zeit eine nachträgliche Ergänzung des Taxis-Altars um die beiden Kinder veranlasst wurde. Vielleicht kümmerte sich sogar Fürstin Margarete selbst darum", sagt der Archivar.

Eines bleibt allerdings rätselhaft. Und das ist die Frage, warum die Zwillingsschwester, wenn sie nach nur einem Lebenstag verstarb, auf dem Bild als etwa sechsjähriges Mädchen dargestellt ist. „Zwar haben wir von der Kunsthistorikerin Regina Simmerl den Altar schließlich noch eingehender untersuchen lassen, das Geheimnis um die heute zusätzlich dargestellten Kinder konnten wir dennoch nicht lüften. Aber meine These ist nicht von der Hand zu weisen und eigentlich mehr als verständlich", sagt Peter Styra und blickt zum Turm empor, in dem die Fürstin Margarete ihr Atelier hatte und in dem das Bild vermutlich ergänzt wurde.

Eva-Maria Bast

So geht's zum Turm:

Der Turm befindet sich rechter Hand an der Straße, die zum Haupteingang des Schlosses St. Emmeram führt. Das Schloss steht am Emmeramsplatz 5. Der Altar ist nicht öffentlich zugänglich.

Winfried Schoppelrey kennt diese alte Linde seit über 30 Jahren.

24

Linde
Zeitzeuge durch viele Jahrhunderte

E r ist alt. Wucherungen haben sich knollenartig auf seine Haut, die Rinde, gesetzt. Seine Wurzeln sind stellenweise schon abgestorben. Wenn man ganz nah an ihn herangeht, meint man die Last der Jahrhunderte spüren zu können: Wenn ein Baum reden könnte – was hätte dieser alles zu erzählen! Die Linde, die sich neben dem „Café unter den Linden" befindet, ist der älteste der rund 1400 Bäume im Regensburger Stadtpark und hat etwa

350 Jahre auf dem Buckel – wobei man bei einem Baum vielleicht besser sagen sollte: auf den Wurzeln. Winfried Schoppelrey, der 30 Jahre lang für die Baumpflege im Stadtgarten zuständig war, kennt sie schon lange. Lange, das bedeutet: etwa ein Zehntel ihrer Lebenszeit. Er bringt der großen Linde höchsten Respekt entgegen und erzählt, dass sie nicht mehr der allerersten Generation der Regensburger Stadtpark-Linden angehört.

Die Geschichte des Regensburger Stadtparks und seiner Linden beginnt im 13. Jahrhundert: Der Bau der Stadtmauer war vollendet und man schüttete den Steinbruch zu, aus dem die Steine gewonnen wurden. Das war gewissermaßen die Grundlage. „Der Stadtrat hat dann beschlossen, hier einen Schießplatz einzurichten", sagt Schoppelrey. Außerdem entstand ein Park, in dem Linden gepflanzt wurden. Doch keiner der Bäume durfte so alt werden wie die Linde, die er heute so gern hat: Bereits 1633 mussten sie wieder weichen. „Man hat sie gefällt, um im Dreißigjährigen Krieg eine freie Schusslinie auf die anrückenden Schweden zu haben",
sagt der inzwischen pensionierte Baumpfleger. Im Dreißigjährigen Krieg (1618–1648), als die konfessionellen Gegensätze sich in kämpferischen Auseinandersetzungen Bahn brachen und das Heilige Römische

Dass dieser Baum etwas Besonderes ist, ist auf den ersten Blick erkennbar.

Reich Deutscher Nation ihr Hauptschauplatz war, stürmten die Schweden Regensburg 1633 unter dem Feldherrn Herzog Bernhard von Sachsen-Weimar (1604–1639). Den kaiserlichen und bayerischen Truppen gelang es jedoch 1634, die Stadt zurückzuerobern.

1654 habe man dann wieder Linden angepflanzt, darunter auch die heute noch stehende, die jetzt so um ihr Leben kämpft, erzählt Winfried Schoppelrey. Mehr als 350 Jahre ist das her. Immer noch nimmt der Lebensnerv des Baumes Nährstoffe auf und transportiert sie in das Laub, immer wieder bildet die Linde Adventivwurzeln, krallt sich wieder und wieder in die Erde, um noch ein bisschen weiterzuleben. Das Alter hat ihr doch arg zugesetzt, teilweise ist sie schon morsch, teilweise abgestorben. Beinahe zärtlich streicht Winfried Schoppelrey über die Rinde des alten Baumes. Er bewundert ihn für seine Stärke und sagt: „Ich finde, er ist einfach herrlich." Wo er recht hat, hat er recht.

„Man hat die Linden gefällt, um im Dreißigjährigen Krieg eine freie Schusslinie auf die anrückenden Schweden zu haben."

Eva-Maria Bast

So geht's zur Linde:

Der alte Baum steht im Stadtpark, nahe dem „Café unter den Linden". Der Stadtpark verläuft zwischen der Prüfeninger Straße, der Dr.-Johann-Maier-Straße und der Schillerstraße.

Alte Stadtmaße
Eisen, Henker und Pralinen

Merkwürdig: Links neben dem Portal am Alten Rathaus sind am Mauerwerk drei verschieden lange Eisenstangen angebracht. Dazu eine Inschrift, nach deren Lektüre man auch nicht viel schlauer ist, auch wenn sie zu erklären scheint, um was es sich dabei handelt: *„Der Stat Schuch der Stat Öln u. der Stat Klafter."* Was in aller Welt sind ein „Stat Schuch", ein „Stat Öln" und ein „Stat Klafter"?

Wenn man sie kennt, scheint die Antwort plötzlich naheliegend und logisch: „Das sind die alten Stadtmaße", verrät Museumsführerin Stephanie Ruhfaß. Mit ihnen nahm man Maß, als es noch keine einheitlichen Maßeinheiten gab und diese von Stadt zu Stadt differierten. Der „Schuch" ist ein Schuh, die „Öln" eine Elle und der „Klafter" die „Spannweite der seitlich ausgestreckten Arme". Bei dem Metallstab in der Mitte handelt es sich um den „Stadtschuh", allerdings, kommentiert Ruhfaß, sei das mit seinen 32,5 Zentimetern ein sehr großer Schuh, etwa Schuhgröße 46 oder noch größer. Ähnlich reichlich bemessen sei die Elle, die sich rechts befindet, mit ihren 83 Zentimetern und der Klafter mit sage und schreibe 1,90 Meter.

Dass die Maße am Alten Rathaus angeschlagen sind, kommt nicht von ungefähr: „Früher, vom Mittelalter bis in die frühe Neuzeit hinein, wurden auf dem Platz vor dem Alten Rathaus Märkte abgehalten und das Stadtmaß fungierte auch als Korrektiv, damit man noch mal nachmessen konnte, ob der Händler nicht geschummelt hat", erklärt die Kunsthistorikerin. Zumal sich die Gerichtsbarkeit samt Gefängnissen und Folterkammer gleich an Ort und Stelle im Alten

„Früher wurden auf dem Platz vor dem Alten Rathaus Märkte abgehalten und das Stadtmaß fungierte auch als Korrektiv, damit man noch mal nachmessen konnte, ob der Händler nicht geschummelt hat."

....

Wie viele Zentimeter haben die Stadtmaße? Stephanie Ruhfaß misst nach.

Rathaus befand: „Da konnte man bei Betrug sofort Meldung erstatten", ergänzt Stephanie Ruhfaß.

„Die Folter, die in Bayern erst 1806 abgeschafft wurde, stand vor der eigentlichen Bestrafung und diente dazu, ein Geständnis zu erpressen. Das war allerdings erst der zweite Schritt. Derjenige, den man des Schwerverbrechens angeklagt hatte, hatte vorher die Möglichkeit, in einem gütlichen Verfahren zu gestehen. Und nur wenn das erfolglos war, wurde das Geständnis erzwungen." Aber auch nur dann, schränkt Ruhfaß ein, wenn es nicht zwei Augenzeugen der Tat gab. „Waren die vorhanden, bedurfte es keines Geständnisses." Neben Folterkammer und vier Gefängnissen ist auch die Arme-Sünder-Stube noch im Inneren des Alten Rathauses zu sehen. Hier mussten die Verurteilten auf ihre Hinrichtung warten. Beim Fenstergitter zum Innenhof fehlt der unterste Teil einer Längsstrebe, sodass eine Hand hindurchpasst. „Hier konnten die Verurteilten von ihren Verwandten Abschied nehmen oder die Henkersmahlzeit erhalten", erläutert Ruhfaß.

Die rätselhafte Inschrift.

Und während unten die Henkersmahlzeit eingenommen wurde, speisten Gesandte und Sekretäre oben, wo der Immerwährende Reichstag tagte (siehe Geheimnis 9), Reichstagskonfekt. Einer dieser Tische, auf denen Konfekt gratis gereicht wurde, ist heute noch im ehemaligen Beratungszimmer der Reichsfürsten zu sehen. „Das Konfekttischchen war so etwas wie ein frühneuzeitliches Catering", sagt die Museumsführerin schmunzelnd. Die Pralinen seien in Regensburg angefertigt worden, unter anderem vom Konditor und Chocolatier des schräg gegenüberliegenden Hauses „Prinzess". Erfunden habe die Praline übrigens sehr wahrscheinlich der Koch des französischen Marschalls und Ministers César de Choiseul, Graf von Plessis-Praslin (1598–1675), erzählt Ruhfaß. „Er hat sie auch nach seinem Herrn benannt. Allerdings ist sie vermutlich nicht durch den Grafen selbst nach Regensburg gelangt, sondern eher durch den französischen Diplomaten Robert Vincent de Gravel, der von 1663 bis 1674 hier am Reichstag weilte."

Die Pralinen mundeten den Herren Gesandten jedenfalls ganz hervorragend. So sehr, dass sie sich gar zu gut am Konfekttisch bedienten. „Was nicht mehr in den Mund passte, hat man in die Taschen gesteckt und mitgenommen, sodass diese Form des Caterings irgendwann zu teuer für die Stadt wurde und man deshalb die gastfreundliche Geste wieder einstellte", ergänzt die Kunsthistorikerin.

Bis dahin jedoch speiste man droben Konfekt, während die Verurteilten ein Stockwerk tiefer ihre Henkersmahlzeit einnahmen.

Eva-Maria Bast

So geht's zu den Alten Stadtmaßen:

Die Stadtmaße sind links neben dem Stufen-Portal des Alten Rathauses, rechts von der Tourist-Information im Erdgeschoss, angeschlagen.

Lichterker
Kamin mit Vogelhäuschen

Wo befindet sich Regensburgs kleinster Kamin? Am Dom! Ganz hinreißend sieht er aus, denn an seinem Dach sitzt scheinbar ein winziges Vogelhäuschen. „In diesem kleinen Kamin – eigentlich ist es ein Lichterker – wurden früher Totenkerzen aufgestellt", erläutert Domführerin Renate Möllmann. „Es ist ein Relikt aus der Zeit, als sich hier noch der Domfriedhof befand." Die Totenleuchten für die Verstorbenen wurden von den Hinterbliebenen in der Hoffnung angezündet, dass der Tote den Himmel erreichen möge. Renate Möllmann zitiert das Alte Testament, wo es bei Jesaja heißt: „Bei Tag wird nicht mehr die Sonne dein Licht sein, und um die Nacht zu erhellen, scheint dir nicht mehr der Mond, sondern der Herr ist dein ewiges Licht, dein Gott, dein strahlender Glanz. Deine Sonne geht nicht mehr unter und dein Mond nimmt nicht mehr ab, denn der Herr ist dein ewiges Licht, zu Ende sind deine Tage der Trauer."

Die ungewöhnliche Laterne stammt aus der Zeit um 1330/40. Im Inneren des Doms, an dessen Außenseite sie hängt, befindet sich an dieser Stelle der Winterchor, der so heißt, weil hier im Winter, wenn es sehr kalt ist, die frühmorgendlichen Messen stattfinden. „Früher gab es eine Öffnung vom Winterchor zu der kleinen Laterne, sodass sie von dort aus mit Licht gefüllt werden konnte", erzählt Renate Möllmann. Am Laternendach sitzt das kleine Vogelhäuschen, das als Rauchabzug

Regensburgs kleinster Kamin.

Renate Möllmann liebt den kleinen Lichterker hoch über ihrem Kopf.

diente. „Das ist also wirklich ein kleiner Kamin mit einem Schornstein in Form eines Vogelhäuschens", begeistert sie sich.

Inzwischen gibt es aber keine Verbindung mehr vom Winterchor ins Innere des Kamins: „1450 wurde der Winterchor umgebaut", sagt die Domführerin. „In Richtung des Lichtererkers wurde nun ein Wandtresor eingebaut, der mit einer massiven Eisentür verschlossen ist. Dort werden die liturgischen Geräte aufbewahrt." Dadurch wurde auch die Öffnung zur kleinen Laterne geschlossen. Seit mehr als 500 Jahren raucht es also nicht mehr aus dem Vogelhäuschen-Schornstein.

„Früher gab es eine Öffnung vom Winterchor zu der kleinen Laterne, sodass sie von dort aus mit Licht gefüllt werden konnte."

Regensburgs kleinster Kamin, aus dem heraus ein Licht den Toten leuchtete, hat ausgedient. Aber hübsch ist er trotzdem noch. Und wie!

Eva-Maria Bast

So geht's zum Lichtererker:

Regensburgs kleinster Kamin hängt an der Ostseite des Doms am Kapellenanbau des südlichen Nebenchors. Der Dom steht am Domplatz.

Ein geheimnisvolles steinernes Tier.

Gestraucheltes Tier
Ein Stein auf Wanderschaft

Es gibt Geheimnisse, die lassen sich nicht lüften. Man kann sich ihnen nur annähern – und das lohnt sich meist auch dann, wenn sie ihre Geschichte nicht preisgeben. Einfach nur deshalb, weil sie so verborgen sind, dass sie kaum jemand wahrnimmt, wenn man nicht bewusst hinschaut. Sie würden in Vergessenheit geraten, niemand würde sich um sie kümmern, sie würden dem allgemeinen Bewusstsein verloren gehen.

Das ist auch bei dem Eckstein am Gebäude Ecke Goldene Bärenstraße/Posthorngäßchen der Fall. Hoch oben, neben den Fenstern im zweiten Stock, ist in den Eckquader ein Tierrelief gehauen. Merkwürdigerweise liegt das Tier auf dem Rücken und hat die Beine nach oben gestreckt. Der Kopf ist nicht mehr zu sehen, offenbar verwittert. Nach der Bedeutung des Reliefs gefragt, erklärt Kulturreferent Klemens Unger: „Bei diesem eingemauerten Quader mit Tierrelief handelt es sich um eine Spolie, das heißt um ein zweitverwendetes Bauteil." Die Herkunft des Quaders sei nicht bekannt, sodass man keine Aussage zur Bedeutung des Reliefs machen könne.

Über das um 1520 erbaute Haus lässt sich allerdings einiges sagen – es war nämlich durchaus bedeutsam! Bis in die 1960er-Jahre gab es hier einen Gasthof, der „Zum Goldenen Posthorn" hieß. Davon kündet auch noch das prachtvoll verzierte Schild am Gebäude. Nicht weit von der Steinernen Brücke entfernt gelegen, stiegen hier gern die Gäste der Stadt ab, die zu Fuß oder zu Pferd über die Steinerne Brücke oder mit dem Schiff über die Donau angereist kamen. Darunter war auch der Kaiserliche Feldmarschall Graf Octavio Piccolomini (1599–1656), der am 30. August 1650 mit seinem Gefolge in Regensburg pausierte. Im „Posthorn" stärkte er sich, dann reiste er per Schiff weiter nach Wien. Den Namen „Zum Goldenen Posthorn" hatten sich die Betreiber der Gaststätte nicht einfach so ausgedacht: Er geht auf die Tatsache zurück, dass sich hier jahrhundertelang das Postamt befunden hatte.

„Bei diesem eingemauerten Quader mit Tierrelief handelt es sich um eine Spolie, das heißt um ein zweitverwendetes Bauteil."

Wie das Tier zu der ganzen Geschichte passt? Sich das zu überlegen, ist jedem selbst überlassen. Denn wirklich wissen können das nur die Steine. Und die sind des Redens eben doch nicht mächtig.

Eva-Maria Bast

So geht's zum gestrauchelten Tier:

Der auf den Rücken gedrehte Vierbeiner liegt hoch oben, neben dem rechten Fenster im zweiten Stock, an der Ecke Goldene Bärenstraße / Posthorngäßchen.

Dass es sich bei diesem runden Etwas um einen Brunnen handelt, ist nur schwer zu erraten.

28

Brunnen
Mit heiligen Händen gegraben

Schön sieht es nicht aus, das runde Etwas, das sich in der Erhardigasse aus dem Boden erhebt. Vielleicht wird es deshalb so wenig wahrgenommen. „Viele Leute nehmen diese Gasse als Abkürzung, aber die meisten Menschen gehen hier achtlos vorbei", hat die Historikerin und Gästeführerin Brigitte Terschak beobachtet. Eher wird der neoromanischen Fassade Beachtung geschenkt, die sich schräg gegenüber befindet und inmitten der modernen Häuserfront ein wenig seltsam anmutet. Tatsächlich hängen beide, die Fassade und das runde Etwas, miteinander zusammen.

Denn beide gehen auf den aus dem französischen Narbonne stammenden heiligen Erhard (gest. vermutlich um 715) zurück.

Der kam etwa 685 als Missionsbischof nach Regensburg an den Hof der bayerischen Agilolfinger-Herzöge, vermutlich als Nachfolger von Bischof Emmeram. Bistum wurde Regensburg schließlich im Jahr 739, als Bonifatius (um 673–754) die Stadt dem Kanonischen Recht, also dem Kirchenrecht der römisch-katholischen Kirche, unterstellte. Erster Bischof des neuen Bistums war Gaubald (um 700–761), der zugleich als Abtbischof des Klosters St. Emmeram fungierte.

„Sankt Erhard mit der Hack', / steckt Wintertage in den Sack", heißt es in einem Sprichwort. Den Schnee, der neben dem von Sankt Erhard gegrabenen Brunnen liegt, scheint das wenig zu kümmern. Brigitte Terschak kennt die Geschichte des Brunnens.

Als im 12. Jahrhundert im Bistum viele Klöster gegründet wurden und es so seine Blütezeit erlebte, war der heilige Erhard lang schon verstorben. Wann genau er das Zeitliche segnete, ist nicht bekannt, man vermutet, dass das um 715 herum gewesen sein muss. Am 8. Oktober 1052 wurde er von Papst Leo IX. (1002–1054) durch die Erhebung der Gebeine heiliggesprochen.

Der Heilige Erhard gilt als Patron der Spitäler und Schuhmacher. Man ruft ihn bei der Pest, bei Viehkrankheiten sowie bei Augenleiden an. Der Legende nach schenkte er der von Geburt an blinden elsässischen Herzogstochter Odilia bei ihrer Taufe das Augenlicht. Eines seiner Attribute ist daher auch ein Buch, auf dem zwei Augen liegen.

Heute ruht er in einem silbernen Schrein aus dem 19. Jahrhundert an der Nordseite der Kirche. Sein ursprüngliches Grab befindet sich in der Krypta der Niedermünsterkirche – nicht zu verwechseln mit der neoromanischen Fassade in der

Erhardigasse, über deren Tür zwar „Crypta" steht, die aber nicht zu einer Krypta führt. Warum das Wort dann dort geschrieben steht? „Hinter der Tür geht es einige Meter in die Tiefe zur ehemaligen Erhardikapelle", erklärt Brigitte Terschak. „Daher kommt der falsche Name. Eigentlich war es ein Betraum des heiligen Erhard, hier hielt er sich häufig auf." Die Treppe führt nur deshalb nach unten, weil das Bodenniveau im Lauf der Jahrhunderte angehoben wurde. Als man die Kapelle 1892 renovierte, wurde ihr das heute sichtbare Portal vorgebaut. „Ein engagierter Regensburger Verleger rettete somit das Andenken an die älteste Kultstätte des christlichen Regensburg vor der Vergessenheit durch die Säkularisation. Allein die Kapitelle der Trennungssäulchen sind noch Originale", sagt Birgit Terschak. Sie kämen aus dem Schottenkloster St. Jakob.

„Der Legende nach soll der Missionar Erhard den Brunnen eigenhändig gegraben haben."

Und die runde Erhöhung einige Meter weiter? „Hierbei handelt es sich um einen Brunnen", erklärt die Historikerin. „Aber man kann ihn nicht als solchen wahrnehmen." Zumal ein Steindeckel den Brunnen verschließt – von Wasser weit und breit keine Spur! „Der Legende nach soll der Missionar Erhard den Brunnen eigenhändig gegraben haben", berichtet Brigitte Terschak. „Man sagt, dass er überall, wo er längere Zeit war, Brunnen gegraben hat." Zwei Menschen, ein Kirchendiener und eine Schwangere, sollen hineingestürzt sein, ohne sich dabei auch nur eine Schramme zugezogen zu haben! Trotz dieser Legende ist ein Sturz in den Brunnen nicht zu empfehlen. Wobei heute ohnehin niemand mehr hineinfallen kann – aufgrund des steinernen Deckels, der den Brunnen verschließt.

Eva-Maria Bast

So geht's zum Brunnen:

Der Brunnen befindet sich direkt vor dem Haus Erhardigasse 1. Die neoromanische „Crypta"-Fassade liegt schräg gegenüber.

Geheimnisvoll: die hebräische Schrift unter dem Erker.

29
Jüdischer Grabstein
Stille Mahnung am Roten Herzfleck

Dieses tragische Relikt entdeckt man nur schwer: Unter einem Erker am Roten Herzfleck befinden sich die Reste einer hebräischen Inschrift. Was dahintersteht, gehört zu den finstersten Kapiteln der Regensburger Stadtgeschichte. Sie spielt ein Stückchen entfernt, am heutigen Neupfarrplatz. „Dort", erzählt Stadtführerin Birgit von Paczensky, „stand bis Anfang des 16. Jahrhunderts das jüdische Viertel." Der heute so große und freie Platz sei damals mit knapp 40 Häusern bebaut gewesen.

Seit dem 10. Jahrhundert hatten Juden in Regensburg gelebt, die jüdische Gemeinde war damit eine der ältesten in ganz Deutschland. Es gab eine Talmudhochschule, an der bekannte Rabbiner lehrten. „Bis 1519 standen sie unter dem Schutz des Kaisers, weil sie dafür bezahlt hatten, und lebten in Sicherheit", erzählt die Stadtführerin. Doch dann starb Maximilian I. von Habsburg (1459–1519) und der aufgestaute Hass gegen die jüdische Bevölkerung brach sich Bahn (siehe Geheimnis 35).

Man warf den Juden viel vor. Ritualmorde zum Beispiel, aber man machte sie auch für den wirtschaftlichen Niedergang der Stadt verantwortlich. Und gegen den jüdischen Glauben hatte man ohnehin jede Menge Vorbehalte. Der Rat beschloss auf Druck der Bürger hin, dass die Juden die Stadt innerhalb von vier Tagen, bis zum 25. Februar 1519, zu verlassen hatten. Die Synagoge musste die jüdische Gemeinschaft binnen zwei Stunden räumen, damit diese abgerissen werden konnte.

Bei den Abrissarbeiten wurde ein Steinmetz verschüttet und lebend geborgen, was den zornigen Bürgern natürlich gerade recht kam: Das war für sie der Beweis, dass es richtig gewesen sei, die Synagoge abzureißen. Nun musste eine Marienkapelle her, um an das Wunder zu erinnern – diese Kapelle wurde zum Zentrum vieler Pilger. So zahlreich kamen sie nach Regensburg, dass auch die umstehenden Häuser der Juden abgerissen wurden, um Platz zu schaffen. Der Neupfarrplatz entstand. Auch vor dem jüdischen Friedhof machte die tobende Menge nicht halt: „Man hat den Friedhof geschändet", sagt Birgit von Paczensky betroffen. „Die Grabsteine hat man mitgenommen und wie Trophäen an den Häusern vermauert. Man wollte zeigen, dass man gesiegt hat. Es war eine Geste des Hohns", redet die Stadtführerin Klartext. Auch zum Bau der Neupfarrkirche kamen viele Steine gerade recht. Der Friedhof mit seinen rund 4200 Gräbern hatte seit 1210 bestanden, zahlreiche jüdische Gelehrte waren hier bestattet.

„Man hat den Friedhof geschändet. Die Grabsteine hat man mitgenommen und wie Trophäen an den Häusern vermauert."

Noch immer sind an einigen Häusern in Regensburg alte jüdische Grabsteine zu finden – so auch am Alten Rathaus am Roten Herzfleck.

Was macht man mit solch einem Erbe? Entfernt man es, um die Steine wieder auf einen Friedhof zu bringen? Irgendwie wäre das ja eine Verfälschung der Geschichte. Es ist nun mal Fakt, dass dieses finstere Kapitel im Verlauf der deutschen Geschichte immer wieder – und leider vereinzelt immer noch – aufgeschlagen wurde und wird. Insofern sind die Grabsteine eigentlich genau richtig, dort, wo sie sind. Und es ist gut, dass man sie sieht. Geben sie doch jedem, der sich mit ihrer Geschichte beschäftigt, eine stumme Mahnung mit.

Eva-Maria Bast

So geht's zum jüdischen Grabstein:

Der Grabstein befindet sich am Roten Herzfleck. Man entdeckt ihn auf der rechten Seite unter einem Erker, wenn man durch den Torbogen des Alten Rathauses geht. Das Alte Rathaus steht am Rathausplatz 1.

30

Bastardbalken
Öffentliches Zeichen eines Seitensprungs

Heute ist ein adliger Seitensprung etwas, wofür sich Illustrierte und deren Leserschaft brennend interessieren. Begeht ein Monarch Ehebruch, ist die öffentliche Aufmerksamkeit groß. Beispiele dafür, wie faszinierend andere das Liebesleben des europäischen Hochadels finden, gibt es viele. Doch die Amberger Kunsthistorikern Beate Wolters weiß, dass dem nicht immer so war. „Im 18. Jahrhundert war das nichts Ungewöhnliches", sagt sie, „dafür hat man sich weder geschämt noch hat man versucht, die Liaison zu verbergen." Und tatsächlich gibt es mitten in der Stadt ein Zeichen für adliges Fremdgehen, das für alle sichtbar über dem Eingang der Alten Veste angebracht ist. Mittig über dem großen Holztor ist ein Wappen zu sehen, das von einem roten Balken durchschnitten ist. „Das ist das Wappen der Reichsgräfin von Holnstein. Es zeigt das Wappen der Herzöge und Kurfürsten von Bayern mit den beiden Rautenfeldern und den goldenen Löwen, zusätzlich aber den roten Illegitimitätssparren", erklärt die Amberg-Expertin. Letzteren könne man auch als „Bastardbalken" bezeichnen.

> *„Die Reichsgräfin war eine illegitime Nachfahrin der Wittelsbacher. Das hatte sie ihrem Großvater, dem Kurfürsten Karl Albrecht von Bayern und späteren Kaiser Karl VII., zu verdanken."*

„Die Reichsgräfin war eine illegitime Nachfahrin der Wittelsbacher. Das hatte sie ihrem Großvater, dem Kurfürsten Karl Albrecht von Bayern und späteren Kaiser Karl VII., zu verdanken. Denn der hatte nicht nur mit seiner Ehefrau Kinder, sondern auch mit seiner Geliebten", fährt Beate Wolters fort. Diese Geliebte, die Hofdame Maria Caroline Charlotte Sophie von Ingenheim (1704–1749), schenkte ihm 1723 einen Sohn. Und diesen, Franz Ludwig mit Namen, erhob er im zarten

Stadtführerin Beate Wolters kennt sich gut mit der Geschichte der Alten Veste und der seiner ehemaligen Bewohner aus.

Alter von fünf Jahren in den Adelsstand. Fortan hieß der Kleine Franz Ludwig „Graf von Holnstein aus Bayern" (1723–1780) und bekam sogar sein eigenes Familienwappen. Das ist auch im entsprechenden Legitimitätsdekret festgehalten, in dem der fürstliche Vater versichert: „(Wir) attestieren bei Unseren Churfürstlichen hohen Worten, daß Ludwig Graf von Hollnstein aus Bayern nit allein unser natürlicher erkannter, und legitimierter sohn seye, sondern eine adelich gebohrene Dame zur Mutter gehabt." Außerdem erlaubt er dem Sohn, ein ihm eigens verliehenes Wappen zu führen und es auch an seine Kinder weiterzuvererben. Das Wappen sieht aus wie das der Wittelsbacher, mit dem Unterschied, dass der rote schräge Balken jedem kundigen Zeitgenossen sofort signalisierte, dass Franz Ludwig nicht zum Hause Wittelsbach gehörte und als Bastard von der Erbfolge ausgeschlossen war.

Der rote Balken im Wittelsbacher Wappen macht deutlich: Hier wohnte der illegitime Nachfahre eines Adelsgeschlechts.

Und wie kam dieses Wappen nach Amberg? Graf Franz Ludwig von Holnstein erhielt 1760 wegen seiner militärischen Erfolge im Siebenjährigen Krieg (1756–1763) die Regierungspräsidentenstelle an der Vils und war somit Regent des Fürstentums der Oberen Pfalz. Und als solcher zog er mit seiner Gattin Anna Maria Reichsgräfin von Löwenfeld (1735–1783) – übrigens uneheliche Tochter eines Bischofs – und seinen Kindern nach Amberg und wohnte mit ihnen im Hauptbau des Amberger Schlosses.

Nach seinem Tod baute sein Schwiegersohn, Freiherr Ludwig von Egcker, die Alte Veste in ein komfortables Stadtpalais um und brachte über dem Haupteingang sowohl sein eigenes als auch das Wappen seiner Ehefrau Josepha Gräfin von Holnstein (1765–1826) an.

Die Amberger ließen sich davon nicht beeindrucken. Sie achteten nicht auf das Wappen über dem Tor, sondern vielmehr auf das, was hinter dem Tor passierte. Denn der Freiherr und seine Gattin etablierten in der Alten Veste ein adeliges Gesellschaftstheater. „Diese Einrichtung war in der Stadt sehr beliebt, unter anderem auch deshalb, weil in den ersten sechs Monaten im Jahr 1793 keine Eintrittsgelder erhoben wurden", erklärt Beate Wolters. Das Programm sei abwechslungsreich und geradezu fortschrittlich gewesen. „Hier wurde sogar ‚Kabale und Liebe' von Schiller gezeigt, und das, obwohl das Stück ja Kritik am Adel übt", hat sie herausgefunden.

Seit jenen Jahren also prangt das Wittelsbacher Wappen mit dem Bastardbalken weithin sichtbar an der Alten Veste und kündet davon, dass es auch im 18. Jahrhundert manche Adelige mit dem Ehegelübde nicht ganz so ernst nahmen.

Heike Thissen

So geht's zum Bastardbalken:

Das Wittelsbacher Wappen mit dem Bastardbalken befindet sich über dem Eingang der Alten Veste. Sie steht in der Marstallgasse 4.

Bodenplatte
Drei Kreuze für die Toten des Amberger Aufruhrs

*E*s kann gut passieren, dass man auf dieser Platte steht, ohne zu merken, dass es sich um ein Relikt handelt. Stadtarchivar Dr. Johannes Laschinger kennt das aus eigener Erfahrung: „Als sich die Bodenplatte noch an einem anderen Platz am unteren Ende des Marktplatzes befand, saß ich einmal beim Kaffeetrinken genau auf ihr, ohne etwas davon zu ahnen", erinnert er sich. Damals hatte ein Café seine Tische und Stühle rund um die Platte – und offensichtlich auch auf der Platte – aufgestellt. Heute befindet sie sich zwar direkt vor dem Amberger Rathaus. Trotzdem treten sowohl Einheimische als auch Besucher achtlos darauf. Dabei lohnt es sich, sie genauer zu betrachten. „Die Platte erinnert an den Amberger Aufruhr", erklärt Johannes Laschinger. Und bei genauem Hinsehen erkennt man drei Kreuze und die Inschrift *„Hinrichtung von drei Amberger Bürgern auf Befehl von Kurfürst Friedrich am 5. Februar 1454".* So unscheinbar die Platte, so irritierend ihre Botschaft.

„Als Kurfürst Ludwig IV. 1449 starb, war sein Sohn Philipp erst 13 Monate alt und war deswegen nicht regierungsfähig", erklärt Johannes Laschinger die Ursprünge des Aufruhrs. Also übernahm der Onkel, Pfalzgraf Friedrich der Siegreiche (1425–1476), dessen Vormundschaft und damit auch die Regierung. „Aus seiner Sicht war das für die Kurpfalz riskant, weil die Nachbarn das Fehlen eines ‚richtigen' Landesherren dazu nutzen wollten, sich Ländereien unter den Nagel zu reißen." Also sah sich Friedrich gezwungen, selbst die Regierung zu übernehmen und damit für Ruhe zu sorgen. Im September 1451 beschloss der pfälzische Adel in Heidelberg, dass Friedrich seinen Neffen Philipp (1448–1508) adoptieren und somit selbst Kurfürst werden sollte. Hatte Friedrich damit die Macht an sich gerissen? Wohl eher nicht. „Um die Erbfolge seines Neffen nicht zu gefährden, versprach Friedrich, auf eine standesgemäße Ehe und damit auf erbberechtigte Nachfolger zu verzichten", erklärt Laschinger. Diese Entscheidung

Stadtarchivar Johannes Laschinger kniet neben der Bodenplatte, die an den Amberger Aufruhr erinnert. Er weiß aus eigener Erfahrung, wie leicht sie übersehen wird.

betraf auch die Amberger, die wie die gesamte Obere Pfalz unter der Herrschaft der Pfälzer Kurfürsten standen.

Plötzlich befanden sich die Amberger in einer verzwickten Situation: Sie hatten 1450 bereits dem kleinen Philipp als ihrem rechtmäßigen Herrn die Treue geschworen und wollten sich nicht des Meineids beschuldigen lassen, indem sie plötzlich einem anderen – nämlich seinem Onkel Friedrich – huldigten. Ob das der wirkliche Grund für den Ungehorsam war? Oder ob die Amberger beleidigt waren, weil man sie in der Sache nicht befragt hatte? Oder ob sie gar von Kaiser Friedrich III. (1415–1493) dazu angestachelt wurden, der seinen Namensvetter nicht leiden konnte und ihm die Rechtmäßigkeit absprach? Die wahren Gründe für die Gegenwehr sind nicht bekannt. Fest steht aber, dass die Amberger ihrem neuen Kurfürsten die Huldigung verweigerten.

„Vor allem die Handwerker in der Stadt lehnten Friedrich als ihren Herrn strikt ab", sagt Laschinger. Also nahm der neue Kurfürst zunächst schriftliche Verhandlungen mit der Stadt auf, um die Sache zu klären. 1453 schickte er zwei seiner Vertrauten an die Vils, die die Bürger zur Vernunft bringen sollten – jedoch ohne Erfolg. Die Amberger drohten ihnen mit Waffen, beschimpften sie wüst und setzten sie einige Tage fest. Unverrichteter Dinge mussten die Gesandten nach Heidelberg zurückkehren. „Und dann passierte erst einmal monatelang nichts. Die Bürger dachten schon, die Sache wäre im Sande verlaufen und sie hätten nichts mehr zu befürchten", erzählt der Stadtarchivar weiter. Doch da irrten sie gewaltig.

Anfang Februar 1454 stand Friedrich auf einmal höchstpersönlich mit 1100 schwer bewaffneten Reitern und 2000 Mann Fußvolk vor den Toren Ambergs. Damit hatte die Stadt nicht gerechnet. Um ein Blutvergießen zu verhindern und den Kurfürsten so milde wie möglich zu

Drei Kreuze und eine Inschrift erinnern an die Rädelsführer von 1454, deren Namen aber nicht bekannt sind.

stimmen, verzichtete sie auf bewaffneten Widerstand. Auch die besonders Widerspenstigen unter den Bürgern hatten wohl begriffen, dass es nun an der Zeit war, sich bedingungslos zu unterwerfen, wollten sie aus der Sache lebend herauskommen. Am 3. Februar huldigten die Bürger also endlich ihrem Herrn und versprachen ihm hohe Steuerzahlungen.

Doch der Kurfürst ließ sich davon nicht beeindrucken. Er wollte an den aufständischen Untertanen ein Exempel statuieren. Also ließ er 60 Männer festnehmen, von denen drei Rädelsführer am Morgen des 5. Februar 1454 auf dem Marktplatz enthauptet wurden. „Das war doppelt ungewöhnlich", erklärt Johannes Laschinger. „Zum einen war Friedrich selbst hoch zu Ross anwesend, als die Männer gerichtet wurden. Und zum anderen fanden Hinrichtungen sonst eigentlich außerhalb der Stadt auf dem Galgenberg statt." Daraus lasse sich eindeutig ablesen, dass der Herrscher den Ambergern ein und für alle Mal zeigen wollte, wer das Sagen hatte.

Friedrich der Siegreiche machte seinem Namen in der Amberger Angelegenheit auf jeden Fall alle Ehre. Er zähmte nicht nur die Widerspenstigen, sondern setzte sich auch gegen seinen Widersacher Kaiser Friedrich III. durch, sodass er 1463 als einer der mächtigsten, reichsten und angesehensten Reichsfürsten seiner Zeit galt.

Um die Amberger ständig an den „Aufruhr" und seine Folgen zu erinnern, wurde die Platte an der Stelle in den Boden eingelassen, wo die Hinrichtung stattgefunden hatte. „Allerdings wissen wir nicht, wo genau das war. Inzwischen handelt es sich weder um die Originalplatte noch um den Originalstandort", räumt der Amberg-Experte Laschinger ein. Die erste Platte sei irgendwann verschwunden und dann durch eine Kopie ersetzt worden. Den Standort wechselte die Platte, um vor dem Rathaus mehr Beachtung zu erfahren. Bislang ist das Konzept allerdings nicht so richtig aufgegangen.

Heike Thissen

So geht's zur Bodenplatte:

Die Platte, die an den Amberger Aufruhr erinnert, ist vor dem Eingang zum Rathaus in den Boden des Marktplatzes eingelassen. Das Rathaus steht am Marktplatz 11.

Kunsthistorikerin Beate Wolters hat die kleinen Engelchen in der Schulkirche ins Herz geschlossen.

32 Engelsköpfe
33 aufmerksame Torhüterinnen

Die eine hat Stirnlocken, die andere trägt ihre Haare streng gescheitelt. Es gibt blonde Vertreterinnen und brünette, es gibt verschmitzt lächelnde und ernst dreinblickende. Und so manche sieht mit ihren geröteten Wangen aus wie ein kleines Mädchen, das gerade vom Spielen nach Hause gekommen ist. „Es ist wirklich erstaunlich", sagt Kunsthistorikerin Beate Wolters und streichelt einem Engelchen über die Wange, „aber jedes ist ein Unikat." Sie findet die kleinen Köpfe am schmiedeeisernen Tor in der Amberger Schulkirche so niedlich, dass sie sich viel mit ihnen beschäftigt hat. Die Stadtheimatpflegerin weiß nicht nur, dass es 33 an der Zahl sind. Sie weiß auch, dass eine Geschichte, die sich um die putzigen Figuren dreht, gar nicht stimmt.

Denn als 1697 mit dem Bau der Salesianerinnen-Kirche begonnen wurde, lebten im Konvent bis zu 33 Nonnen. Und am Gitter, das den Kirchenraum von den hinteren Bänken trennt, sind die 33 Engelchen zu sehen. Da war es für die Amberger der damaligen Zeit naheliegend, die Nonnen mit den Engelchen gleichzusetzen – zumal ja jedes einzelne von ihnen anders aussah. „Das ist aber leider nur eine schöne Geschichte, die nicht stimmt", sagt Beate Wolters. Es sei eher so, dass die Zahl „33" im Christentum grundsätzlich eine besondere Bedeutung habe. „33 gilt als heilige Zahl, weil Jesus Christus 33 Jahre alt war, als er ans Kreuz geschlagen wurde", erklärt die Kirchenexpertin. Auch bei den Salesianerinnen spielte die Zahl eine ganz besondere Rolle: In einem Konvent durften maximal 33 Nonnen leben. Sobald diese Zahl überschritten wurde, teilte er sich und gründete einen Ableger. „Die Anzahl der Engel geht also nicht auf die Nonnen zurück, sondern auf den besonderen Stellenwert der Zahl 33", fasst Beate Wolters zusammen.

„Die Anzahl der Engel geht nicht auf die Nonnen zurück, sondern auf den besonderen Stellenwert der Zahl 33."

Der Wirkung der Engel tut das keinen Abbruch. Jeder Engelskopf ist einzeln geformt und bemalt worden, keiner gleicht dem anderen. Viele von ihnen sind in einer Reihe nebeneinander auf dem schmiedeeisernen Gitter angebracht. Andere schweben weiter oben im Rankenwerk. Doch alle sind am Mittelteil des Tores befestigt und nicht an den Seitenteilen. „Das hängt damit zusammen, dass die Engel aus der Zeit um 1700 stammen, als die erste, wesentlich kleinere Kirche erbaut wurde", erklärt die Kunsthistorikerin. Die Nonnen brauchten zusätzlich zu ihrem Kloster die Kirche, um der weiblichen Jugend Ambergs nicht nur Lesen, Schreiben und Rechnen beizubringen, sondern auch den rechten – nämlich den katholischen – Glauben.

Schon Ende des 17. Jahrhunderts wurde das Gitter mit den Engelsköpfen versehen, es war jedoch an einer anderen Stelle in der damals noch wesentlich kleineren Kirche aufgestellt und schützte dort die

Betenden vor neugierigen Blicken. Schließlich sollte die Klosterkirche, die dem heiligen Augustinus geweiht war, nur den Nonnen und ihren Schülerinnen vorbehalten und nicht der Öffentlichkeit zugänglich sein. Doch schon bald war das Gotteshaus selbst für diesen streng reglementierten Personenkreis zu klein und musste 1758 erweitert werden. Das schmiedeeiserne Tor mit den Engeln wurde durch die beiden Seitenteile ergänzt und in der vergrößerten Kirche wieder verwendet. Die mädchenhaften Engelsköpfe fungierten in den folgenden Jahrhunderten als freundliche Wächterinnen des Tores. So waren sie mit von der Partie, als die Kirche nach der Säkularisation an die „Deutsche Schulstiftung" ging und ihre neue Bezeichnung „Schulkirche" erhielt. Und auch als die Armen Schulschwestern von Unserer Lieben Frau die Kirche übernahmen, durften die Engelchen bleiben.

Jeder Engel ist ein Unikat.

Noch heute blicken die meisten von ihnen den freundlich an, der die Schulkirche betritt. Und das sind neben den Gottesdienstbesuchern zu besonderen Anlässen inzwischen auch ziemlich viele Amberg-Touristen. Denn dass das von außen so unscheinbare Gotteshaus im Inneren eine der bedeutendsten Rokokokirchen in Deutschland ist, hat sich längst herumgesprochen. Schade, dass sich die wenigsten von ihnen für die Engelchen interessieren, die vom Tor auf die Besucher blicken. Beate Wolters findet: „Sie hätten die Aufmerksamkeit verdient, jedes einzelne von ihnen."

Heike Thissen

So geht's zu den Engelsköpfen:

Die Engelsköpfe befinden sich am Gitter in der ehemaligen Salesianerinnen-Kirche St. Augustinus, die auch Schulkirche genannt wird. Standort ist die Deutsche Schulgasse 2.

Kreisheimatpfleger Dieter Dörner interessiert sich sehr für die Riefen und Schüsselchen, die an vielen Gebäuden in Amberg zu finden sind.

33

Wetzrillen
Mittel zum Heilen und Putzen

Man kann sie einfach nicht übersehen, die vielen Rillen und Schüsselchen in den Sandsteinwänden in Amberg. Wer aufmerksam durch die Stadt spaziert, der findet sie an vielen Orten: An Kirchen, an Profangebäuden, an Toren und an Stadtmauern sind in der Stadt immer wieder Spuren und Mulden zu finden, die in den Stein – ja, was eigentlich? – eingewetzt wurden? Oder eingeschlagen? Oder hat man sie abgerieben? „Obwohl wir diese Hinterlassenschaften in ganz Mitteleuropa finden und sie seit Langem erforscht werden, wissen wir lediglich, dass sie von Menschenhand verursacht wurden. Wie genau sie entstanden sind und was sie bedeuten, können wir bis heute nur mutmaßen", erklärt Kreisheimatpfleger Dieter Dörner. Er gilt als Experte für die Amberger Rillen und ist deren Geheimnis auf der Spur. „Ganz lösen werde ich es wohl nie können", räumt er ein. Dörner hat in den vergangenen Jahren viele Bezeichnungen für die Ausschabungen gefunden: „Je nach Region heißen sie auch Riefen, Schrammen, Schwerterrillen, Teufelskrallen, Schüsselchen, Teufelsnäpfchen oder Schwedenhiebe."

In Amberg sind sie vor allem an der Südseite der Basilika St. Martin auffällig. „Besonders viele sind dort zu sehen, wo das Gebeinhaus – der Karner – an die Martinskirche andockt. Und auch Richtung Marktplatz und am Chor gibt es einige, aber wesentlich weniger", sagt Dörner. An anderen Gotteshäusern wie der mittelalterlichen Dreifaltigkeitskirche und der ehemaligen Franziskanerkirche wurden diese Riefen verputzt, lediglich an der Katharinenfriedhofskirche sind sie noch deutlich zu sehen. Gleiches gilt für das Nabburger Tor, das alte Wingershofer Tor, das Vilstor und die Wehrgänge der Stadtmauer. Die geheimnisvollen Spuren sind allgegenwärtig.

„Je nach Region heißen sie auch Riefen, Schrammen, Schwerterrillen, Teufelskrallen, Schüsselchen, Teufelsnäpfchen oder Schwedenhiebe."

„Wir können nicht genau feststellen, wann die Menschen diesen ‚Brauch' aufgenommen haben", sagt Dieter Dörner. Aus den Riefen am ehemaligen Karner an der Martinskirche könne er aber schließen, dass spätestens im 14. Jahrhundert mit dem „Wetzen" begonnen wurde. Seine Überlegung geht folgendermaßen: „Die Kirche wurde 1421 in so engem Winkel an den Karner angebaut, dass es danach nicht mehr möglich gewesen wäre, in der spitz zulaufenden Nische am Karner die Rillen einzukratzen." Wer auch immer diese Arbeit verrichtet habe, müsse sie vor dem Bau der Kirche erledigt haben.

Durch seine aufmerksamen Beobachtungen kann Dörner auch Rückschlüsse darauf ziehen, wie lange Gebäude in Amberg derart bearbeitet wurden. „Mit Sicherheit wurde dieser Brauch mit Beginn der Reformation nicht mehr praktiziert. Es gibt nämlich an keinem

Gebäude, das nach der zweiten Hälfte des 16. Jahrhunderts entstand, Riefen oder Schüsselchen." Dörners Fazit: Die Einkerbungen müssen ein Produkt des einfachen und abergläubischen Volkes in der katholischen Zeit der Stadt sein.

Welchen Zweck aber verfolgten die Amberger Bauern und Handwerker mit dieser Arbeit? Eine weit verbreitete Theorie lautet, dass an diesen Stellen Messer oder Waffen geschärft wurden und dabei die Spuren im Stein entstanden sind. „Das ergibt keinen Sinn. Warum hätte man dann nach der Reformation auf einmal damit aufgehört? Und warum gibt es dann keine Wetzrillen an herrschaftlichen Gebäuden wie dem Schloss? Der Koch der Schlossküche hätte sein Messer doch ebenfalls vor der Haustür geschärft!", überlegt Dieter Dörner. Er ist sich sicher, dass das Reiben eines Schwertes gegen den Sandstein dieses nicht geschärft, sondern abgestumpft hätte. Und auch, dass der Teufel seine Krallen ins

An der Südseite der Amberger Martinskirche sind besonders viele der geheimnisvollen Vertiefungen zu finden.

Gebäude geschlagen haben könnte, als der Baumeister der Kirche einen Pakt nicht einhielt – so eine weitere, weniger ernst gemeinte Theorie – hält Dörner für eher unwahrscheinlich. Ein weiterer Erklärungsversuch hinsichtlich anderer Ausschabungen besagt, dass es sich dabei um die Spuren von Schlagringen handeln könnte, mit denen die Menschen Funken schlugen, um auf dem Heimweg des Nachts ihr Licht anzünden zu können. Die Theorie, dass die Riefen durch das Aufrauen von Wetzsteinen entstanden sind, wird von Fachleuten inzwischen verworfen. Die Wetzsteine wären unbrauchbar geworden.

„Ich glaube aber, dass die Riefen und Schüsselchen ihren Ursprung im Aberglauben haben", sagt Dörner. Das Segnen von Gegenständen, wie es im katholischen Glauben üblich ist, könne dabei eine große Rolle gespielt haben. Verschiedenste Gegenstände – vom Schwert eines Soldaten über das Feldwerkzeug eines Bauern bis hin zum Operationsbesteck eines Arztes – hätten durch das Berühren oder Reiben an einem Sakralbau Gottes Segen anziehen können. Dörner geht noch einen Schritt weiter: „Damit dieses Segnen nicht nur an Ort und Stelle möglich war, sondern überall, haben die Amberger Steinmehl gewonnen. Diesen Kirchenstaub nahmen sie mit nach Hause in der Hoffnung, dass er als Wunder- und Heilmittel wirkt."

Und wer den feinen Staub nicht zur Heilung eines nahen Verwandten verwendete, der brauchte ihn vielleicht als Putz- und Scheuersand. Damit wäre auch zu erklären, warum sich die Rillen nicht nur an sakralen Gebäuden finden lassen. „So konnte der Staub zum Reinigen von Fußböden oder Gegenständen ganz einfach vor der Haustür gewonnen werden", führt Dörner den Gedanken fort. Bliebe die Frage zu klären, warum die Amberger nach der Reformation plötzlich ein anderes Reinigungsmittel entdeckten – denn danach gab es ja keine neuen Rillen und Schüsselchen mehr. „Das wird wohl für immer ein Geheimnis bleiben", schließt der Kreisheimatpfleger schmunzelnd.

Heike Thissen

So geht's zu den Wetzrillen:

Die Amberger Wetzrillen sind unter anderem an der Martinskirche zu sehen, links und rechts des Eingangs auf der Seite zum Salzstadelplatz.

Das Wahrzeichen der Stadt Cham ist ein trutziges Tor mit dem kuriosen Namen „Biertor".

34

Biertor

Das unbezwingbare Wahrzeichen von Cham

Eigentlich ist die Geschichte vom Chamer Biertor schnell erzählt. Das einzige verbliebene der ehemals vier Stadttore hieß einst Burgtor, weil es an die Burg angrenzte. Nachdem diese abgerissen worden war, entstand um 1576 an derselben Stelle eine Brauerei, die dem Tor den neuen Namen „Biertor" einbrachte. Und obwohl das Brauen inzwischen längst eingestellt ist, sind beide – Tor und Spitzname – erhalten geblieben. Ende der Geschichte? Nein! Denn es fehlen die Kriege, die Soldaten, die Plünderungen und die Brandschatzungen. „Und nicht zu vergessen ist eine Gruppe von aufständischen Bauern, die beim Bauernaufstand 1705 durch das Biertor ihre Männer in die Stadt schleusten", ergänzt Stadtarchivar Timo Bullemer.

Denn tatsächlich war es so, dass die Stadt Cham und ihre Burg über Jahrhunderte als Zielscheibe für unterschiedliche Angreifer herhalten mussten. Allein im Dreißigjährigen Krieg (1618–1648) waren nacheinander die Soldaten und Gefolgsleute von fünf verschiedenen Heeren unterzubringen, zu verköstigen, auszustatten und zu bezahlen. Auch im Anschluss daran wurde Cham immer wieder überfallen, geplündert oder niedergebrannt. Das Biertor aber blieb stehen und wurde den Chamern beim Aufstand der Bauern gegen die österreichische Besatzung Anfang des 18. Jahrhunderts zum Verhängnis.

Die bayerischen Bauern, die sich gegen drastische Steuererhöhungen, die Einquartierung und Versorgung von kaiserlichen Truppen und die Zwangsrekrutierung ihrer Söhne wehren wollten, hatten sich auch auf den Weg nach Cham gemacht. Unter ihnen war der Wirt Adam Schmidt, gebürtiger Chamer und Kenner der Stadt und ihrer Gegebenheiten. Eigentlich war ein Angriff nur eine Frage der Zeit. Das sahen die kaiserlichen Besatzer, mit 68 Mann in der Stadt vertreten, offensichtlich anders. Während die Bauern in der Nacht vom 30. auf den 31. Dezember 1705 den Angriff vorbereiteten, schickte der kaiserliche Kommandant einen Großteil seiner Soldaten und der Chamer Bürger nach Hause ins Bett. „Er war wohl davon überzeugt, dass in den nächsten Stunden nichts Gefährliches passieren würde", überlegt Timo Bullemer. Und so kam es, dass Adam Schmidt in aller Seelenruhe seine Ortskenntnis dafür nutzen konnte, den Aufständischen den Weg in die Stadt zu ebnen. In den frühen Morgenstunden führte er einen Trupp Männer zum Weißbierbrauhaus neben dem Biertor, brach dort ein Fenstergitter heraus und stieg in das Gebäude ein. Von innen öffneten sie das Biertor und ließen ihre Mitstreiter herein. Zunächst gelang ihnen die Übernahme der Stadt: Sie liefen durch die Gassen, verschreckten die Bürgerwache und nahmen den kaiserlichen Kommandanten gefangen, der

Stadtarchivar Timo Bullemer steht auf der Brücke zum Tor vor dem Gebäude der ehemaligen Brauerei, die dem Bauwerk seinen neuen Namen verpasste.

die Schlüssel für die Stadttore herausrückte und veranlasste, dass sich seine Soldaten ergaben. Doch das Glück währte nicht lange für Adam Schmidt und die anderen Bauern. „Schon am 17. Januar 1706 holten sich die kaiserlichen Truppen das Sagen in Cham zurück", erzählt der Stadtarchivar die Geschichte zu Ende. Entgegen einer anders lautenden Vereinbarung seien viele Aufständische vor den Toren der Stadt ermordet worden – auch vor dem Biertor.

Dass dieses nun seit fast sechs Jahrhunderten an Ort und Stelle steht, verdankt es vermutlich dem Umstand, dass es in der Handelsgeschichte der Stadt im 19. Jahrhundert keine allzu große Rolle spielte. Denn als die Tore den modernen Schusswaffen und Kanonen nicht mehr gewachsen waren und nicht mehr dem Verteidigungszweck dienten, war ihre Daseinsberechtigung schnell in Frage gestellt. Hinzu kam, dass die Passagen für die Bauern und Handelsleute inzwischen ein lästiges Verkehrshindernis darstellten: Sie waren zu niedrig, als dass ein hoch beladener Pferdewagen sie bequem hätte passieren können. „Also mussten entweder kleinere Räder montiert oder die Waren teilweise abgeladen werden", erläutert Timo Bullemer. Er zitiert ein Schreiben an den Stadtrat, in dem wörtlich steht, dass beides in der Regel nur mit großem Ärger und gotteslästerlichem Fluchen geschehe. „Anscheinend ging es sogar so weit, dass fremde Fuhrleute die Stadt großräumig umfuhren und damit Händler und Handwerker in Cham um ihr Geschäft brachten", sagt der Stadtarchivar. Also wurden drei der Stadttore abgerissen, nämlich die, die an wirtschaftlich relevanten Einfuhrstraßen lagen: das Sandtor im Norden, das Böhmertor im Osten und das Fleischtor im Süden. Das vierte blieb stehen und erinnert mit seinem trutzigen Erscheinungsbild an die wechselhafte Geschichte der Stadt.

Die Inschrift erinnert daran, dass hier einst Bier gebraut wurde.

Heike Thissen

....
So geht's zum Biertor:

Das Chamer Biertor steht am Übergang der Schützenstraße in die Klosterstraße.

35

Hebräische Inschrift
Zur Erinnerung an Mirjam und andere Juden

Die hebräische Inschrift ist hoch über den Köpfen der Passanten in mehr als drei Metern Höhe angebracht und zeigt nicht Richtung Straße, sondern Richtung Rathaushof. Kein Wunder, dass sie schwer zu entdecken ist! Doch wer sie gefunden hat, erkennt auf den ersten Blick, dass dort oben unmöglich ihr ursprünglicher Bestimmungsort sein kann. Wie wahr! Denn die Inschrift ist Teil eines jüdischen Grabsteins. Der gehört natürlich auf keinen Fall an die Außenwand eines Rathauses, sondern auf einen Friedhof. Und zwar nicht auf irgendeinen, sondern auf den israelitischen Friedhof im rund 60 Kilometer entfernten Regensburg. Was hat er in Cham zu suchen? Und noch dazu an dieser Stelle?

Stadtarchivar Timo Bullemer hat sich viel Wissen über die Juden in der Oberpfalz im Allgemeinen und die in Cham im Besonderen angeeignet. „Als der jüdische Friedhof in Regensburg 1519 zerstört und die dortige Gemeinde vertrieben wurde, wurde noch im selben Jahr dieser Grabstein am Chamer Rathaus angebracht", hat er herausgefunden. Die Chamer des 16. Jahrhunderts gaben ihm den Namen „Judenmahnstein". Wie dem am Rathaus erging es vielen der Grabsteine aus Regensburg: Einige wurden zum Bau der Neupfarrkirche verwendet (siehe Geheimnis 29), andere wurden an Regensburger Bürgerhäusern angebracht, um die angebliche Dominanz des Christentums über das Judentum zu demonstrieren. Wiederum andere gelangten in die umliegenden Dörfer und benachbarten Städte – nach Cham, aber auch nach Kelheim oder Straubing.

> „Als der jüdische Friedhof in Regensburg 1519 zerstört und die dortige Gemeinde vertrieben wurde, wurde noch im selben Jahr dieser Grabstein am Chamer Rathaus angebracht."

„Auf dem Stein ist auf Hebräisch zu lesen, dass er einst zum Grab einer gewissen Mirjam gehörte, der Tochter des Ephraim, die am 28.

Am Erker des Chamer Rathauses ist eine hebräische Inschrift zu lesen, wenn man weiß, wohin man schauen muss.

Mai 1230 verstorben war", erklärt Timo Bullemer. Unter die ursprüngliche Inschrift sei dann in lateinischen Buchstaben nachträglich der Satz eingefügt worden, dass im Jahre 1519 die Juden zu Regensburg vertrieben worden seien. Vermutlich lebten im Todesjahr der Regensburger Jüdin Mirjam auch in der alten Handelsstadt Cham bereits Juden. Gesicherte Hinweise fänden sich dafür aber erst in den Jahren 1336 und 1337, hat der Stadtarchivar bei seinen Recherchen herausgefunden. „Zu dieser Zeit hatte die Stadt eine Zollstation und lag an dem wichtigen Handelsweg von Regensburg nach Prag. Beides belebte den Warenverkehr und die Geldwirtschaft", sagt er. Die Mitglieder der jüdischen Gemeinde durften ausschließlich in einem Ghetto in der heutigen Judenstraße in der Innenstadt wohnen. Dort gab es auch eine Synagoge und eine Schule. Doch spätestens 1556 wurden auch die letzten von ihnen aus der Stadt ausgewiesen. Grund dafür war ein streng befolgtes Aufenthalts- und Niederlassungsverbot unter anderem für die Oberpfalz. Und damit nicht genug, berichtet Timo Bullemer: „Ihnen wurde ein dauerhafter Aufenthalt in großen Teilen Bayerns untersagt. Dazu zählte auch Cham. Das hatte zur Folge, dass sich mehr als 300 Jahre lang Personen jüdischen Glaubens in unserer Region nicht mehr niederlassen konnten."

Es bedurfte einer Gesetzesänderung im Jahr 1861, um den Juden in Bayern wieder die freie Wahl des Wohnortes zu erlauben. Zwei Jahre später machte der erste jüdische Kaufmann davon Gebrauch: Isaak Lazarus Bosciwitz eröffnete im Januar 1863 sein Tuchgeschäft in der Stadt. Cham erlebte gerade wegen des neuen Eisenbahnanschlusses eine Phase des wirtschaftlichen Aufschwungs. Der Stadt ging es gut, die Bewohner waren

Der eingemauerte Grabstein.

zufrieden. Da wagten sich auch Menschen jüdischen Glaubens wieder hier her. Sie zogen vor allem aus dem benachbarten Böhmen in die heutige Oberpfalz. Für 1867 sind in Cham 13 Personen jüdischen Glaubens überliefert, 1885 sind es dann bereits neun Familien. Sie gründeten 1886 die Israelitische Kultusgemeinde Cham, die ihren Friedhof bei Windischbergerdorf einrichtete und statt einer Synagoge einen Betsaal in der Propsteistraße nutzte.

Doch ab 1920 nimmt der Antisemitismus in der Stadt zu. Entsprechende Flugblätter werden verteilt und Plakate aufgehängt. 1922 gründet sich die Ortsgruppe der NSDAP. Wie im restlichen Bayern und in Deutschland geraten die Juden auch in Cham immer mehr in Bedrängnis. Ihre Geschäfte werden arisiert, die Mitglieder der Gemeinde werden bedroht und derart schikaniert, dass viele von ihnen sich entschließen aus der Stadt wegzuziehen.

„Die Kultusgemeinde wurde 1938 von den Nationalsozialisten wieder aufgelöst", bedauert Bullemer und fährt fort: „Von den 80 Juden, die 1920 in der Stadt lebten, kamen in den Folgejahren mindestens 33 um." Zwar gründeten ehemalige Häftlinge des knapp 90 Kilometer entfernten Konzentrationslagers Flossenbürg 1945 erneut eine Israelitische Kultusgemeinde. Doch von den 311 Mitgliedern nutzten die meisten die Gründung des Staates Israel 1948 und neue Einwanderungsbestimmungen nach Nordamerika dazu, Deutschland zu verlassen. „Die Mindestzahl von zehn erwachsenen männlichen Mitgliedern für eine eigene Gemeinde war schnell unterschritten", erklärt der Stadtarchivar. Das war das endgültige Ende der Israelitischen Kultusgemeinde Cham. Auch an sie und ihre Mitglieder erinnert der jüdische Grabstein am Rathaus. Und natürlich an Mirjam, Tochter des Ephraim.

Heike Thissen

So geht's zum jüdischen Grabstein:

Der jüdische Grabstein am einzigen Erker des Chamer Rathauses befindet sich an dem Gebäude in der Marktstraße 2 und zeigt Richtung Rathaushof.

36

Eiserner Ring
Einlass für Arme, Kranke und Kunstliebhaber

*E*s ist ein schlichter Ring aus Eisen. Er sieht so unscheinbar und unbedeutend aus, dass kaum ein Besucher Notiz von ihm nimmt. Doch wenn Petra Haimerl, Mitarbeiterin in der Städtischen Galerie im Cordonhaus, den Ring in die Hand nimmt und daran zieht, ist von drinnen ein Läuten zu hören. „Er ist Teil einer alten Türglocke", erklärt sie. Wie lange der Ring und die Glocke, die mit ihm über eine eiserne Zugstange verbunden ist, schon im Einsatz sind, lässt sich nicht sagen. Doch darüber, dass das Gebäude, an dessen Eingangstür sie angebracht sind, einst das Armenhaus war, gibt es so manche Geschichte zu erzählen.

Das Haus, es ist das älteste profane Gebäude in Cham außerhalb der Stadtmauer, stammt aus dem 16. Jahrhundert. „Heute wissen wir, dass es für die Bewohner viele verschiedene Funktionen erfüllt hat", sagt Petra Haimerl. Es war Hospital und Lazarett für Kranke und Soldaten, aber auch Unterkunft für die Armen der Stadt. Je nachdem, was gerade am nötigsten gebraucht wurde, schwenkte die Nutzung mal mehr in die eine und dann wieder in die andere Richtung. Ein besonders trauriges Kapitel des Gebäudes mit dem Eisenring ist das Jahr 1713. Beim letzten großen Ausbruch der Pest wurden hier all jene zusammengepfercht, die sich mit der heimtückischen Krankheit infiziert hatten. Der Heimatforscher und Geistliche Joseph Lukas (1834–1879) berichtet in seiner Chronik der Stadt und der Pfarrei Cham: „Anno 1713 herrschte im bayerischen Walde eine schreckliche Pest, welche in Cham allein den dritten Theil der Einwohner hinraffte. Im Armenhaus starben die Leute ganz verlassen; als sich wieder einmal ein Mensch hineinwagte, fand er nur Leichen darinnen und ein lebendes Kindlein an der Brust seiner toten Mutter." Man könne sich kaum vorstellen, welche Not und welches Leid die Wände des heutigen Museumsgebäudes schon gesehen haben müssen, sagt Petra Haimerl.

> „Der Ring ist Teil einer alten Türglocke."

Petra Haimerl weiß, was es mit dem eisernen Ring an der Außenwand des Museums SPUR auf sich hat.

Doch auch als die Pest vorbei und das Gebäude von den sterblichen Überresten der von ihr Dahingerafften gereinigt war, wurde das Haus weiter für seine ursprünglichen Zwecke genutzt. Aus dem Jahr 1837 ist beispielsweise überliefert, dass von den zehn Zimmern sechs den Armen und zwei den Kranken vorbehalten waren. Zwei weitere dienten dem Hausmeister und der Krankenpflegerin als Unterkunft. Und noch einen weiteren Raum gab es: Dort, wo heute Museumsbesucher ihre Jacken in der Garderobe aufhängen, befand sich einst die Totenkammer, in der die Verstorbenen verwahrt wurden, bis ihr Begräbnis anstand.

Generell lässt sich sagen, dass der Aufenthalt im Armenhaus wohl alles andere als angenehm war. Stadtarchivar Timo Bullemer hat in den Unterlagen eine Beschwerde aus dem Jahr 1846 gefunden, in der steht: „Ferners soll es sehr häufig vorkommen und haben schon mehrmals Kranke Klage darüber geführt, daß durch besoffene Nachtschwärmer im Armenhause die nächtliche Ruhe und Hausordnung auf eine sehr ungestüme und für sie beleidigende Weise gestört werde, indem dieselben spät in der Nacht um 11, 12 Uhr, ja noch später erst nach Hause kommen." Der Hausmeister sei wegen eigener Trunkenheit oft nicht im Stande, selbst für Recht und Ordnung in den vier Wänden zu sorgen.

Das heute so liebevoll restaurierte Gebäude war früher ein eher heruntergekommenes Haus für Kranke und Arme.

Das Gebäude, das heute so adrett und stolz in unmittelbarer Nähe des Flusses Regen steht, war damals mehr Schandfleck als Schmuckstück. Daran änderte sich auch nichts, als es im 19. Jahrhundert immer weniger Kranke und immer mehr Bedürftige beherbergte und Mitte des 20. Jahrhunderts von der Stadt als Obdachlosenheim genutzt wurde. Mit seiner damaligen Optik passte es hervorragend in den Film

„Die Brücke", den Regisseur Bernhard Wicki 1959 in der Stadt drehte und in dem das Gebäude eine zentrale Rolle spielte.

Die Rettung kam 1987, als das Haus verkauft und vom neuen Besitzer Thomas Niggl liebevoll und aufwändig restauriert wurde. Nur so war es möglich, hier im Jahr 1991 das Museum für die Künstlergruppe SPUR (1957–1965) einzurichten. Zu den Gründungsmitgliedern zählten die Künstler Heimrad Prem aus Roding (1934–1978) und Helmut Sturm aus Furth im Wald (1932–2008). Sie arbeiteten bis 1965 mit Lothar Fischer (1933–2004) und HP Zimmer (1936–1992) zusammen und leisteten einen Beitrag zur Kunst der Bundesrepublik nach dem Zweiten Weltkrieg. Im Gegensatz zu vielen vorangegangenen Jahrhunderten sind es heute also vor allem Kunst- und Kulturinteressierte, die das Haus betreten – und das ohne Not. Vom ehemaligen Armenhaus ist inzwischen nichts mehr zu bemerken. Nur die Glocke bimmelt heute wie damals, wenn man an dem eisernen Ring links neben der Tür zieht.

Heike Thissen

So geht's zum eisernen Ring:

Der eiserne Ring hängt links neben der Eingangstür zum heutigen Museum SPUR. Es befindet sich in der Schützenstraße 7.

37

Epitaph
Die Hofmarksherren und ihre Totenruhe

Jeder muss selbst entscheiden, was er von Legenden hält und wie viel Wahrheitsgehalt er ihnen zuschreibt. Das hält auch Christoph Bogner so, der in Ittelhofen aufgewachsen ist und noch heute dort lebt. Trotzdem rät er davon ab, sich in der Pfarrkirche St. Jakob auf die Suche nach der Gruft der Herren der ehemaligen Hofmark zu machen: „Seit Jahrhunderten erzählt man sich im Ort, dass derjenige noch im selben Jahr sterben muss, der die Gruft sucht." Schuld daran soll Maximilian Cajetan Nothafft Freiherr von Weißenstein (1705-1741) sein. Er war der letzte Hofmarksherr von Ittelhofen und starb am 28. März 1741. Sein Epitaph befindet sich im Altarraum des Gotteshauses.

„Auf dem Sterbebett hat er angeordnet, dass nach seiner Beisetzung der Eingang zur Gruft für immer verschlossen wird. So wollte er sicher gehen, dass alle Toten seiner Familie in Ruhe beisammen liegen können und kein neugieriger Besucher ihre Totenruhe in dem Gewölbe stört", erzählt Bogner. Und weil des Herrn Wunsch seinen Untertanen Befehl war, verschlossen zwei Geistliche den Zugang zur Gruft so sorgfältig, dass heute für die Ittelhofer nicht mehr nachvollziehbar ist, wo er sich eigentlich befand.

Überliefert ist jedoch die besondere Bestattungsweise der Hofmarksherren. „Sie lagen nicht in Särgen, sondern saßen auf Stühlen. Zu ihren Füßen wurden ihre Hausfahnen und Familienschilde abgelegt", erklärt Bogner den sehr eigenwilligen Bestattungsstil, den die Hofmarksherren in Ittelhofen pflegten. Doch damit waren sie nicht allein. Seit Menschengedenken gibt es weltweit Beispiele dafür, dass Tote nicht in liegender Position ihrer ewigen Ruhe überlassen werden, sondern im Sitzen. Das gilt für heidnische Völker in Europa genauso wie für Indianerstämme in Nordamerika oder Klöster in Deutschland. „Warum sich ausgerechnet die Ittelhofer Herren auch dafür entschieden haben, ist uns nicht überliefert", sagt Christoph Bogner.

Christoph Bogner hat schon als Kind die Geschichte von den Hofmarksherren gehört, die sich im Sitzen beerdigen ließen. Ob sie stimmt?

Dennoch ist vergleichsweise viel über die ehemaligen Herren des Ortes bekannt. Immerhin gehörte zu ihnen auch die Familie Apian, deren Name gleich auf zwei Wegen in die Geschichte der bayerischen Wissenschaft eingegangen ist. Peter Apian (1495–1552) war zu Lebzeiten als Mathematiker und Astronom so berühmt, dass 1935 ein Mondkrater nach ihm benannt wurde. Sein Sohn Philipp Apian (1531–1589) hingegen machte sich einen Namen als begabter und akribischer Landvermesser, der ab 1554 die erste präzise Landvermessung Bayerns unternahm.

So klug und gebildet die Apians gewesen sein müssen, so einfältig und hinterlistig war rund 200 Jahre später ihr Nachfolger im Schloss Ittelhofen. Denn über Maximilian Cajetan Nothafft Freiherr von Weißenstein schreibt einer seiner Nachfahren in der Familiengeschichte: „Nach einer Notiz im Familienarchiv soll Maximilian, um sich milde auszudrücken, ein wilder Ritter gewesen sein, der kaum seinen Namen schreiben konnte. Er wollte einmal seine ganze Familie vergiften, wurde aber zum Glück entdeckt." Seine Tochter Maria Felicitas Johanna, an die die Hofmark fiel, verkaufte das Schloss und den Ort Ittelhofen 1783 an die Grafen von Holnstein, die das Ende der Hofmark besiegelten. Sie veräußerten weite Teile des Besitzes und gaben die Gerichtsbarkeit an den bayerischen Staat ab.

Weder von seinem Wunsch nach ungestörter Totenruhe noch von der Bestattung im Sitzen ist auf dem Epitaph des letzten Herrn der Hofmark etwas zu lesen. *„Hier ruht in Gott der hochwohlgeborene Herr Maximilian Cajetan von Nothafft Reichsfreiherr von Weißenstein (…) welcher den 28. März 1741 in dem 36. Jahr seines Alters gottseelig verschieden"*, steht unter dem Wappen seiner Familie. Ob er irgendwo unter der Kirche tatsächlich auf einem Stuhl sitzt? Zusammen mit seinen Vorfahren? Das hat bislang noch niemand überprüft. Christoph Bogner und die anderen Bürger des Ortes haben ihre Gründe dafür. Das Epitaph zu suchen, ist hingegen völlig ungefährlich.

Heike Thissen

So geht's zum Epitaph:

Das Epitaph von Maximilian Cajetan Freiherr von Nothafft und Weißenstein hängt im Altarraum der Ittelhofer Pfarrkirche auf der rechten Seite an der Wand.

Selbst bei Tageslicht lässt sich gut nachvollziehen, dass sich die Kinder einst auf dem freien Feld gruselten, wenn sie ungewöhnliche Geräusche hörten.

38

Weiße Marter
Trost und Schutz für ängstliche Kinder

Es braucht gar nicht viel Fantasie, um sich hier zu gruseln. Wenn im Winter der Wind vom Petersberg über die Felder Richtung Ittelhofen pfeift, wenn der Schnee unter den Füßen knirscht und die Nacht bereits hereinbricht, dann möchte man nicht allein auf dem Kirchweg unterwegs sein! Erst recht nicht, wenn man ein Kind ist, das einen anstrengenden Schultag hinter sich hat und sich nichts sehnlicher wünscht, als endlich wieder zu Hause bei der Familie zu sein. Daran ändert auch die Steinsäule nichts, die dort auf halber Strecke zwischen Ittelhofen und Waldkirchen am Wegrand steht. Dabei wurde die so genannte Weiße Marter aufgestellt, um Passanten Trost zu spenden und Mut zu machen – vor allem den jungen, die sich auf dem Schulweg zwischen den beiden Orten einst fast zu Tode fürchteten.

„Über viele Generationen hinweg mussten die Kinder aus Ittelhofen zwei Kilometer in die Schule nach Waldkirchen laufen, weil es bei uns im

Ort keine eigene Schule gab", erklärt Christoph Bogner, der sich viel mit der Geschichte seiner Heimat beschäftigt. Bei Wind und Wetter, sommers wie winters: Die Ittelhofer Kinder wanderten ab dem 17. Jahrhundert morgens über den Kirchweg den Berg hinauf und nachmittags wieder zurück. „Man erzählt sich, dass sie sich um das Jahr 1650 vor allem im Herbst und Winter auf dem Heimweg sehr gruselten", berichtet der Ortschronist weiter. Gerade an der Stelle, an der heute die Weiße Marter steht, also etwa nach der Hälfte des Weges, sollen die Kinder Tag für Tag gespenstisches Lärmen um sich herum gehört haben, vor allem in der Abenddämmerung. „Es ist überliefert, dass sich die Geräusche wohl wie ein Umherhuschen angehört haben und wie ein Fauchen und Miauen, so als ob Katzen miteinander rauften", erzählt Bogner. Weil sich der Spuk stets wiederholte, trauten sich die Kinder kaum noch allein auf den Weg hinaus.

„Es ist überliefert, dass sich die Geräusche wohl wie ein Umherhuschen angehört haben und wie ein Fauchen und Miauen, so als ob Katzen miteinander rauften."

„Da schlossen sich alle Ittelhofer Eltern zusammen und errichteten zum Schutz des Schulweges und zum Trost für die Kinder diese Marter aus drei Steinen, damit die Gespensterei ein Ende nimmt", hat Bogner von älteren Ittelhofern erfahren. Sie ließen die Säule aus Stein der Heiligen Dreifaltigkeit weihen. Und tatsächlich: Das Bannmal wirkte, der Spuk war vorbei! Die Ittelhofer Kinder konnten fortan ihren Schulweg ohne Angst zurücklegen – sowohl auf dem Hin- als auch auf dem Rückweg.

Seit 1627 ist belegt, dass sich auf dem Petersberg der Mesner um den Schuldienst kümmerte. Doch viel konnte er wohl nicht ausrichten. „Kann weder Schule noch Kinderlehr fortkommen, da der hohe Berg, weite Weg, Regen, Schnee und Wind die liebe, sonst wahrscheinlich fleißige und gehorsame Jugend verhindert", ist in einem Visitationsprotokoll nachzulesen. Aber nicht nur das Wetter hielt die Kinder aus Ittelhofen und den anderen Ortsteilen davon ab, regelmäßig am Unterricht teilzunehmen. Obwohl es beispielsweise 1706 in der Pfarrei Waldkirchen 240 Kinder gab, legten die wenigsten von ihnen den langen und beschwerlichen Schulweg zurück. „Hinzu kommt, dass der Schulbesuch bis ins 18. Jahrhundert hinein freiwillig war. Kein Wunder, dass vor allem die Kinder von Landwirten sich nur selten in der Schule blicken ließen", erinnert Bogner an die lernwidrigen Umstände. Wenn überhaupt, dann gingen die Kinder nur im Winter zur Schule. Im Sommer mussten sie ihrer Familie auf Feld und Hof helfen oder Tiere hüten. Und mit dem zwölften Geburtstag war ohnehin Schluss mit den Kindheitstagen und den Schulbesuchen: Dann galten die Jungen und Mädchen als Erwachsene. Die, die sich auf dem täglichen Schulweg so gruseln mussten, waren vermutlich sehr dankbar dafür, dass sie nun „nur" noch arbeiten mussten und nicht mehr zur Schule durften.

Mit der Weißen Marter von Ittelhofen hat es eine ganz besondere Bewandtnis: Besorgte Eltern ließen sie für ihre Kinder aufstellen.

Dass die Weiße Marter heute ein Marienbild trägt, geht nicht auf die besorgten Ittelhofer Eltern zurück, sondern vielmehr auf einen Bauern, der Mitte des vergangenen Jahrhunderts Grund hatte, der Gottesmutter zu danken. Bei der Arbeit auf dem Feld war er – so will es die Erzählung – so unglücklich von seinem Anhänger gefallen, dass ihn seine Ochsen über den Weg schleiften und sich durch nichts aufhalten ließen – bis sie zur Marter kamen. „In seiner Not schrie der Bauer hier laut ‚Maria hilf' und die Tiere blieben stehen. Also stiftete der dankbare Mann das Marienbild, das heute noch vom Kirchweg aus zu sehen ist", erklärt Bogner die Hintergründe der Legende.

Die Kinder aus seinem Heimatort müssen längst nicht mehr zu Fuß nach Waldkirchen laufen und sich fürchten. Heute fahren sie mit dem Schulbus nach Seubersdorf oder Parsberg.

Heike Thissen

So geht's zur Weißen Marter:

Die Weiße Marter steht auf dem Kirchweg zwischen Ittelhofen und Waldkirchen. Von Ittelhofen kommend ist sie rund einen Kilometer außerhalb des Ortes linker Hand zu finden.

39

Eisenkreuz
Hoffnungszeichen für die Lebensmüden

E in Eisenkreuz auf einer Steinsäule? Darüber wundert sich wohl kaum einer der Spaziergänger, die hier auf dem Geiersberg bei Lappersdorf vorbeikommen. Vermutlich nehmen die meisten das Kreuz noch nicht einmal wahr und fragen sich bestenfalls, warum das Denkmal in Dreiecksform ausgerechnet dort am Waldrand auf der Anhöhe steht. Dabei hat es viel zu erzählen. Von seinem Namenspatron Otto von Bismarck (1815–1898) und seinen Bewunderern natürlich, aber auch von einem bayerischen Infanterieregiment und von verzweifelten Menschen, die aus ihrer Not keinen anderen Ausweg wussten als den Selbstmord.

Auch der Lappersdorfer Ortsheimatpfleger Bernhard Frahsek kommt immer wieder an diesem Ort am Waldrand vorbei. Im Unterschied zu den meisten anderen Passanten kennt er jedoch die Antworten auf die zahlreichen Fragen, die die Bismarcksäule aufwirft. „Die Säule entstand in einer Zeit, als es gerade modern war, Bismarck mit solchen und ähnlichen Bauwerken zu huldigen", erklärt er. Besonders in den national-liberal orientierten bürgerlichen Kreisen der Regensburger Bevölkerung habe es einen ausgeprägten Bismarck-Kult gegeben – wie auch andernorts im ganzen Reich. Noch zu Lebzeiten des „Eisernen Kanzlers", aber erst recht nach seinem Tod 1898 entstanden so zur Erinnerung an ihn und seinen Mythos Dutzende Denkmäler. Um diesen Bauten eine einheitliche Form zu geben, startete die Deutsche Studentenschaft noch im Todesjahr einen Aufruf: „(…) so wollen wir unserem Bismarck zu Ehren auf allen Höhen unserer Heimat, von wo der Blick über die herrlichen deutschen Lande schweift, gewaltige granitene Feuerträger errichten. Überall soll als ein Sinnbild der Einheit das gleiche Zeichen entstehen von ragender

> „Die Säule entstand in einer Zeit, als es gerade modern war, Bismarck mit solchen und ähnlichen Bauwerken zu huldigen."

Christliches Zeichen auf politischem Denkmal: Diese besondere Kombination ist an der Bismarcksäule im Lappersdorfer Ortsteil Schwaighausen zu finden.

Größe, aber einfach und prunklos in schlichter Form auf massivem Unterbau." Es waren einheitliche Gedenkfeuer für Bismarcks Geburtstag am 1. April und für die Sommersonnwende am 21. Juni geplant. Die lodernden Flammen sollten verkünden, dass der erste Kanzler des Deutschen Reiches und sein Werk nicht vergessen sind. Denn er hatte nicht nur die Gründung des Deutschen Reiches maßgeblich vorangetrieben, sondern auch mit sozialen Reformen den einfachen Mann im Land gestärkt. Beides wurde ihm hoch angerechnet.

Die Bismarcksäule am Waldrand des Brandholzes bei Geiersberg entspricht genau dem in der Ausschreibung geforderten Aussehen – wenn auch in verkleinerter Ausführung. Die Säule ist nur rund 3,50 Meter hoch, sie ist aus Bruchsteinen zusammengesetzt und trägt als Schmuck lediglich ein eisernes Bismarck-Wappen aus grünem Wappenschild, Kleeblättern und silbernen Eichenblättern. Das Wichtigste: Sie hatte auch eine Feuerschale, in der die Flammen zum ehrenden Gedenken lodern konnten – und zwar weithin sichtbar. Denn als die Säule am 8. Juni 1899 eingeweiht wurde, war von Wald weit und breit nichts zu sehen. Das Feuer leuchtete wie eine Fackel von der Anhöhe ins Land. Und es brannte dort mitnichten fernab der Zivilisation und unbeachtet.

Die Bismarcksäule stand einst auf freier Flur. Heute befindet sich auf dieser Fläche der Wald der Evangelischen Wohltätigkeitsstiftung Regensburg.

„Genau hier auf der Anhöhe bei Geiersberg übte das 11. Königlich Bayerische Infanterie-Regiment ‚Von der Tann' aus Regensburg häufig für seine Kriegseinsätze", hat Bernhard Frahsek herausgefunden. Augenzeugen berichteten ihm, dass dort, wo heute die Bismarcksäule steht, die Offiziere auf ihren Pferden saßen, um ihre Soldaten zu beobachten. „So gesehen ergibt es also durchaus einen Sinn, dass die Säule nicht mitten im Ort, sondern hier draußen steht", schlussfolgert der Ortsheimatpfleger. Zur Einweihung gab es für die Soldaten ein großes

Fest mit reichlich Speis und Trank. Danach herrschte hier oben selbst in Friedenszeiten Krieg – wenn auch nur zu Übungszwecken. Vielleicht spendete die Säule den Soldaten ja unter anderem moralische Unterstützung.

Als das Infanterie-Regiment, das bereits 1805 gegründet worden war, 1918 aus dem Ersten Weltkrieg nach Regensburg zurückkam, wurde es erst demobilisiert und schließlich aufgelöst. Die Bismarcksäule geriet mit den Jahren weitgehend in Vergessenheit und verfiel zusehends. So lange, bis sie von lebensmüden Menschen wiederentdeckt wurde.

„Daher kommt es, dass die Säule nicht nur mit dem Bismarck-Wappen ein verherrlichendes Element, sondern mit dem Kreuz auch ein geistliches Element trägt – was sehr ungewöhnlich ist", sagt Bernhard Frahsek. Es sei wohl der Ausblick vom Geiersberg Richtung Vorderer Bayerischer Wald mit seiner besonderen Atmosphäre gewesen, der etliche Selbstmörder dazu animiert habe, ausgerechnet hier ihr Leben auslöschen zu wollen. Bei den meisten sei es bei dem Versuch geblieben. Doch in den 1960er-Jahren habe sich auf den Stufen des Denkmals ein Mann aus Regensburg erschossen. „Seine Firma war wohl bankrottgegangen und er wusste keinen anderen Ausweg", erzählt Frahsek. „Man hat ihn mit der Pistole in der Hand auf den Stufen sitzend gefunden."

In der Zeit nach diesem tragischen Ereignis hat dann jemand das Eisenkreuz über dem Bismarckwappen angebracht. „Wir wissen nicht, wer es war. Und es spielt ja eigentlich auch keine Rolle", stellt Bernhard Frahsek fest. Für ihn zählt nur eines: Seither hat es an der Bismarcksäule keine Selbstmordversuche mehr gegeben.

Heike Thissen

So geht's zum Eisenkreuz:

Die Bismarcksäule mit dem Eisenkreuz steht am Lappersdorfer Denkmalwanderweg (Teil 3) und am Besinnungsweg Hainsacker (Station 4.2). Sie ist gut erreichbar, wenn man der Straße von Schwaighausen nach Geiersberg, die dann in einen Waldweg übergeht, ab Geiersberg ca. 500 Meter in östlicher Richtung bis zum rückwärtigen Waldrand folgt.

Gockelbrunnen
Erinnerung an eine grausame Tradition

Gerade eben setzt er zu seinem markerschütternden Schrei an. Die Brust geschwellt, den Kopf gereckt, den prächtigen Federschwanz stolz erhoben, sieht der Hahn so aus, als müsse im nächsten Augenblick sein kräftiges „Kikeriki" ertönen. Doch kein Laut ist zu hören – schließlich ist das Tier aus Bronze und steht auf einem weitgehend unbeachteten Brunnen in Lappersdorf. Seit 1989 soll er seine Betrachter daran erinnern, dass es sich bei der Gemeinde einst um eine ländlich geprägte Dorfgemeinschaft handelte. Nur die allerwenigsten wissen, dass der Hahn auch von einer martialischen und grausamen Tradition kündet, die man einst in Lappersdorf pflegte – dem Gockelköpfen.

Ortsheimatpfleger Bernhard Frahsek ist einer von denen, die heute noch die Details kennen. „Der Radfahrverein ‚Regula' hat diesen Brauch Anfang des 20. Jahrhunderts eingeführt", erklärt er. Man habe wohl besonders lustig sein und sich von übrigen Burschenvereinen unterscheiden wollen, mutmaßt Frahsek. Während sich die anderen damit begnügten, sich einmal im Jahr – oft zur Kirchweih – vor allem über ihre jüngeren Mitglieder lustig zu machen und diese zu necken, gingen die Lappersdorfer einen Schritt weiter.

„Heuer wieder großes Gockelköpfen in Lappersdorf", warb der damalige Vorsitzende des Radfahrvereins beispielsweise 1955 in einer regionalen Zeitung. Dass es bei der Veranstaltung nicht allein um das Schlachten von Geflügel ging, wird aus dem weiteren Wortlaut des Inserats deutlich: „Abmarsch des Zuges um 14:00 Uhr von der Wirtschaft Kolbeck aus und wieder zurück; Unterbrechung des Zuges beim Gasthaus Zirngibl ist selbstverständlich; dort müssen etliche Liter Bier gestemmt werden." Erst dann ging es den Hähnen an den Kragen.

„Beim Kolbeck-Stadl stand ein Anhänger, der als Bühne benutzt wurde. Darauf war ein Hackstock. Es gab einen ‚Scharfrichter', der das Derblecken, also das Veräppeln, der Vereinsmitglieder übernahm.

Bernhard Frahsek findet den Gockelbrunnen richtig gut gelungen.

Dabei zählte er so viele Schandtaten der Männer auf, dass er sie am Ende zum Tode verurteilen musste – im übertragenen Sinne natürlich", weiß Bernhard Frahsek über den Brauch. Anstelle der Vereinsmitglieder mussten vor den Augen der begeisterten Zuschauer die Hähne auf den Hackstock. Zwei Metzger übernahmen die blutige „Hinrichtung" an dem kleinen Schafott. Doch damit nicht genug: „Der Kopf wurde dann meistens unter lautem Gejohle in die Menge geworfen", erinnert sich der Ortsheimatpfleger. Wenn das Schauspiel vorbei, alle Männer verurteilt und alle Hähne hingerichtet waren, wurden die Tiere gerupft, ausgenommen und abends gebraten und verspeist. Bis 1960 fand das Gockelköpfen statt, dann wurde es ersatzlos aus dem Kirchweih-Programm der Gemeinde gestrichen. „So eine martialische Vereinskultur fand dann keinen Anklang mehr, die Zeiten hatten sich einfach geändert. Das kann man aus heutiger Sicht ja gut nachvollziehen", erklärt Frahsek das Ende des Brauches.

Vermisst hat das Schauspiel seither wohl niemand, war es doch ohnehin über die Grenzen der Gemeinde hinaus kaum bekannt. „Ich bin in Regensburg aufgewachsen. Ich kann mich nicht daran erinnern, dass von uns jemand wusste, dass zehn Kilometer entfernt Hähne öffentlich geköpft wurden", erinnert sich Frahsek. Und auch in Lappersdorf ist das Gockelköpfen längst in Vergessenheit geraten. Der Hahn auf dem Brunnen sieht einfach zu stolz – und auch zu intakt – aus, als dass er seinen Betrachter an diese Episode aus der Geschichte der Gemeinde erinnern könnte.

Heike Thissen

Stolzes Tier: Der Gockel auf dem Brunnen setzt gerade zum Hahnenschrei an.

So geht's zum Gockelbrunnen:

Der Gockelbrunnen steht in der Pielmühler Straße in Lappersdorf an der Kreuzung Pielmühler Straße/Rathausstraße.

Kreisheimatpfleger Rudi Bayerl kann die futuristische Stele mit der stilisierten Scheibe richtig deuten: Hier wurde Eppelein von Gailingen durch Rädern hingerichtet.

Stele
Ein Rad für Eppelein von Gailingen

Man darf getrost davon ausgehen, dass am 15. Mai 1381 ganz Neumarkt auf den Beinen war. Denn auf dem Galgenhügel der Stadt, südwestlich des heutigen Bahnhofs, gab es ein außergewöhnliches Spektakel zu sehen: Dem weithin gefürchteten und viele Jahre erfolglos gejagten Raubritter Eppelein von Gailingen (um 1320–1381) stand seine öffentliche Hinrichtung bevor. Das wollte sich niemand entgehen lassen, zumal von Gailingen nicht gehängt, sondern gerädert werden sollte. Heute erinnert an dieses Ereignis eine Stele in der Hans-Dehn-Straße. Darauf sind der Name und das Sterbedatum zu lesen. Ein stilisiertes Rad weist auf die Strafe hin. Doch kaum jemand interessiert sich für das Denkmal. Das wäre vor mehr als 630 Jahren nicht auszudenken gewesen!

Schließlich hatte der bekannteste Raubritter Frankens jahrzehntelang sein Unwesen getrieben. Kein Handelsweg rund um die Reichsstadt Nürnberg war vor ihm sicher. „In den Wäldern der Gegend versteckte er sich in den Hohlwegen und überfiel mit seinen Männern die Kaufmannszüge, die auf dem Weg in die Stadt waren oder von dort kamen", erklärt Rudi Bayerl. Pferde, Waren, Wertsachen, Bares – Eppelein raubte, was er zu fassen bekam. Ob aus persönlicher Not oder aus Abneigung gegen die reichen Patrizier in Nürnberg, ist nicht eindeutig geklärt. Es verwundert also nicht, dass das Landgericht der Burggrafen von Nürnberg im Jahr 1369 die Reichsacht über ihn verhängte. Von da an war er rechtlos gestellt und jeder, der dazu in der Lage war, konnte ihn entweder vor Gericht bringen oder gleich an Ort und Stelle töten. Obendrein machten ab 1377 neben Nürnberg auch die beiden benachbarten Reichsstädte Rothenburg und Windsheim Jagd auf ihn. Dass er dann ausgerechnet in dem kleinen Ort Postbauer bei Neumarkt beim Zechen mit seiner Freundin Kathi und seinen Gefolgsleuten erwischt und gefangen genommen wurde, kann man rückblickend fast als Ironie des Schicksals betrachten. Denn Postbauer gehörte nicht zu Nürnberg, wo man sich liebend gern selbst an ihm gerächt hätte, sondern zu Neumarkt. Und weil hier seit 1366 das herzogliche Landgericht stand und der Richter befugt war, die Halsgerichtsbarkeit auszuüben, konnten Straftäter in Neumarkt nicht nur zum Tode verurteilt, sondern auch hingerichtet werden. Im Fall von Eppelein von Gailingen erkannte das Gericht auf die grausamste und gleichzeitig ehrloseste Strafe, die nur denkbar war: den Tod durch Rädern.

Bei dieser Tötungsform band der Scharfrichter den Verurteilten auf dem Boden fest und brach ihm anschließend nach und nach alle Kno-

> „In den Wäldern der Gegend versteckte er sich in den Hohlwegen und überfiel mit seinen Männern die Kaufmannszüge."

chen, indem er ein Wagenrad auf ihn herabfallen ließ. Zunächst ging es nicht darum, den Todeskandidaten umzubringen. Es ging um größtmöglichen Schmerz. Also begann der Henker mit den Unter- und den Oberschenkeln, dann folgten Unter- und Oberarme. Der Verurteilte war in den meisten Fällen bei vollem Bewusstsein. Erst wenn der Brustkorb auf diese Weise malträtiert wurde, erlöste ihn im besten Fall der Tod von seinen Qualen. Das war aber längst nicht bei allen der Fall. Anschließend wurde das Opfer – egal ob schon tot oder noch am Leben – auf ein anderes Wagenrad gelegt und seine zerbrochenen Gliedmaßen durch die Sprossen geflochten. Spätestens dann trat der Tod ein – entweder auf Grund der schweren Verletzungen oder weil der Scharfrichter seines Amtes waltete und das Opfer köpfte oder erdrosselte.

Wie es Eppelein von Gailingen beim Rädern erging, ist nicht überliefert, wie so vieles aus seinem Leben unbekannt ist. Die Quellenlage ist einfach zu dünn. Wir wissen jedoch, dass seine Hinrichtung die Stadt Nürnberg 710 Heller kostete. Die hätte sie an Neumarkt überweisen müssen. „Die Geldübergabe hat aber nie stattgefunden", weiß Rudi Bayerl. Zwar wurden die Schulden zur 600-jährigen Wiederkehr der Gefangennahme symbolisch beglichen, indem das Kulturamt Nürnberg den Neumarktern 710 Pfennige übergab. „Spaßeshalber hat die Sparkasse dann ausgerechnet, welcher Betrag über die sechs Jahrhunderte mit Zinsen und Zinseszinsen zusammengekommen wäre. Das waren wohl rund 19 Billionen Euro", erinnert sich der Kreisheimatpfleger. Wüsste Eppelein von Gailingen davon, er hätte wohl seine wahre Freude. Denn nichts lag ihm im Leben mehr am Herzen, als der Stadt Nürnberg und vor allem ihren reichen Patriziern zu schaden.

Heike Thissen

So geht's zur Stele:

Die Stele, die an die Hinrichtung von Eppelein von Gailingen erinnert, steht in der Hans-Dehn-Straße in unmittelbarer Nähe der Bahnhofsunterführung. Von der Unterführung kommend, ist sie linker Hand zu finden.

Hutmachergasse
Vom Aufstieg und Niedergang eines Handwerks

Manchmal verbergen sich hinter dem scheinbar Naheliegenden und Einfachen genau die Geschichten, die es zu erzählen lohnt. Dass Straßennamen von heute oft auf das Handwerk zurückgehen, das dort einst ausgeübt wurde, gehört zu den naheliegenden Dingen. In der Neumarkter Fischergasse wohnte der Stadtfischer, in der Glasergasse die Glaser und in der Kaminfegergasse die Schornsteinfeger. So weit, so einfach. Die Geschichte, um die es hier geht, ist die der Hutmachergasse.

Dem Leiter des Neumarkter Stadtarchivs Frank Präger liegt sie sehr am Herzen. Unter anderem deshalb kennt er sich hervorragend mit ihr aus. „Die Filzfabrik, die der Straße ihren Namen gab, war nicht nur das älteste industrielle Unternehmen in der Stadt, sondern auch die älteste Filzfabrik Bayerns", erklärt er die historischen Hintergründe. Das Schicksal spielte den Neumarkter Hutmachern ein bisschen in die Hände, dass es so weit kommen konnte.

Denn ursprünglich hatte es in der Stadt zwei Hutmacher gegeben, die sich den Markt aufteilten. Sie existierten friedlich nebeneinander, sorgten dafür, dass sich kein weiterer Meister ihres Handwerks ansiedelte und wurden von ihrer Zunft, die ihren Sitz in Amberg hatte, weitgehend in Ruhe gelassen. Schon zu diesen Zeiten wussten die beiden ihre Stellung für sich zu nutzen, und erst recht, als sie um 1800 auch noch in ein verwandtschaftliches Verhältnis traten. „Der eine Hutmachermeister namens Hauer heiratete die Tochter des anderen Hutmachermeisters namens Schrettinger", erklärt Präger. Von da an hätten die beiden die Branche regelrecht diktiert. Preise wurden abgesprochen, mögliche Konkurrenten ausgestochen.

Das änderte sich 1831. Inzwischen waren beide Betriebe zu einem einzigen verschmolzen und Martin Hauer übernahm das Unternehmen in der heutigen Hutmachergasse. Von Eifersüchteleien und Konkurrenzneid wollte er nichts wissen, sondern suchte gezielt den

Nur ein Straßenschild erinnert heute noch daran, dass hier einst hochwertige Filze und Hüte hergestellt wurden. Stadtarchivar Frank Präger bedauert das sehr.

Kontakt zu anderen Meistern. Er arbeitete eng mit denen zusammen, die sein Vater und Großvater noch als erbitterte Konkurrenten betrachtet hatten, und steigerte so seine Auftragsrate. „Außerdem begann er in Neumarkt gleichzeitig mit der Filzproduktion. Dafür gab es in den Glasfabriken im Bayerischen Wald einen großen Markt", hat der Stadtarchivar herausgefunden. Das Geschäft brummte. Also musste Hauer schon bald mit seinem Betrieb aus der Hutmachergasse wegziehen, die Räume wurden einfach zu klein. 1847 erbaute er in der Unteren Marktstraße 15 einen Hutsalon und betrieb im Hinterhof die erste Filzfabrik Bayerns. Die Produkte waren fortan von so hoher Qualität, dass König Maximilian II. (1811–1864) ihn schon ein Jahr später zum Hoflieferanten bestimmte. Hauer erhielt für sein neues Fabrikverfahren ein königliches Gewerbeprivileg über zehn Jahre. „Darauf war er vermutlich sehr stolz. Aber er wusste noch nicht, dass dieses Privileg ihm nicht nur Segen bringen sollte, sondern auch zum Fluch werden konnte", verrät Frank Präger.

„Während er sich darauf konzentrierte, den bayerischen Hof und die Fabriken zu beliefern, hatten sich die anderen Hutmachermeister in der Gegend so weiterentwickelt, dass sie ihn von jetzt an links überholten."

Grundlage für die Filze waren verschiedene Arten von Haaren, besonders Kälberhaare aus München und dem restlichen Bayern, aber auch Wolle, die Hauer aus dem Ausland zukaufte. Bei dem innovativen Verfahren, das in Neumarkt zum Einsatz kam, landete das Rohmaterial zunächst im Reißwolf, dann im Mischwolf, danach in der Haarmühle und schließlich in der von Pferden angetriebenen Kardiermaschine, in der die Textilfasern zum Filz ausgerichtet wurden. Die Gunst des Königs sicherte Hauer für ein ganzes Jahrzehnt zuverlässig Aufträge. „Das junge Unternehmen wartete mit einem breit gefächerten Sortiment auf. Da waren zunächst vielerlei Artikel für den privaten Konsum: Filzhüte, Filzpantoffel, Filzstiefel, Bierfilze, Bettvorlagen, Pferdedecken und so fort", schreibt der ehemalige Neumarkter Archivpfleger Hans Meier in einem Beitrag über die Hauersche Fabrik. Die Filze für technische Zwecke seien jedoch noch stärker ins Gewicht gefallen, besonders wegen der Spiegel- und Kammfabriken. Beim Polieren der

Spiegel verwendeten die Arbeiter mit Filz überzogene Polierblöcke, die mit Wasserkraft über die Glastafeln geschoben und gezogen wurden. Erst durch die Bearbeitung mit dem Filz wurde das Glas durchsichtig. Beim Herstellen von Kämmen machte der Filz die Zinken so glatt, dass sie gut durchs Haar glitten. Als dann auch noch die Baugesellschaften der Eisenbahn als Kunden hinzukamen, erlebte das Unternehmen seine Blüte. 1865 verkaufte Martin Hauer rund 17.000 Stück Filz und 6000 Paar Filzschuhe. Doch dieser Erfolg war nur von sehr kurzer Dauer.

Denn jetzt rächte sich das königliche Privileg, das sich über zehn Jahre als so nützlich erwiesen hatte. „Offenbar hatte Hauer es versäumt, in dieser Zeit auch ein Auge auf die Konkurrenz zu werfen. Während er sich darauf konzentrierte, den bayerischen Hof und die Fabriken zu beliefern, hatten sich die anderen Hutmachermeister in der Gegend so weiterentwickelt, dass sie ihn von jetzt an links überholten", beschreibt Präger. Nach Hauers Tod 1879 führte seine Witwe die Fabrik noch weiter, musste sie dann aber 1888 doch an die Familie Oettinger verkaufen. Und die Oettingers schließlich verlegten die Fabrik nach Nürnberg, noch bevor das neue Jahrhundert angebrochen war.

So erinnert heute nur noch die Hutmachergasse an Hauer und den Aufstieg und Niedergang seines Unternehmens. Das, wofür Neumarkt einst bekannt war, spielt heute keine Rolle mehr. Der Stadtarchivar bedauert das: „Als Student habe ich eine so genannte griechische Fischermütze getragen, heute in der Mittelalter-Gewandgruppe eine Gugel. Klassische Hüte trage ich nicht. Aber einen original Hauer`schen Hut zu besitzen, das wäre eine tolle Sache!"

Heike Thissen

So geht's zur Hutmachergasse:

Die Neumarkter Hutmachergasse verbindet die Glasergasse mit der Gerichtsgasse.

Mikwe-Fenster
Erinnerung an die Neumarkter Juden

Für andere ist es nur ein kleines, vergittertes Fenster in der rechten Außenwand des Neumarkter Schreiberhauses. Doch für den Vorsitzenden des Historischen Vereins, Rudi Bayerl, ist es ein wichtiges Überbleibsel aus längst vergangenen Tagen des Gebäudes. Seit dem 15. Jahrhundert gibt es diese Öffnung in der Wand, und dass sie so wichtig ist, hängt mit dem zusammen, was sich hinter ihr befindet: eine Mikwe – also ein jüdisches Ritualbad – und mit ihr eines der letzten Relikte der jüdischen Bevölkerung Neumarkts.

„Wir wussten nichts von dieser Mikwe, bis wir damit begannen, das Haus zu restaurieren", erklärt Bayerl. 2006 hätten die Handwerker festgestellt, dass in einem Kellerraum des ältesten Bürgerhauses der Stadt eine geheimnisvolle Treppe offenbar ins Nichts führte. „Der Raum war zugeschüttet, sodass man davon all die Jahre zuvor nichts gesehen hatte", erinnert sich Bayerl an die aufregenden Tage der Entdeckung. Die Handwerker gruben weiter, legten schließlich eine ganze Treppe frei und an ihrem Ende ein Becken, in dem Grundwasser stand. „Und auf einmal passte alles zusammen: das geöffnete Fenster, die Nischen in der Wand und die Stufen, die hinab ins Tauchbecken führten."

„Und auf einmal passte alles zusammen: das geöffnete Fenster, die Nischen in der Wand und die Stufen, die hinab ins Tauchbecken führten."

All die Elemente, die im Schreiberhaus nach und nach ans Tageslicht kamen, sind typisch für ein rituelles Tauchbad der Juden. Das Fenster sorgte für frische Luft, die in dem kleinen, feuchten Raum nicht fehlen durfte. In den Nischen legten die Gläubigen ihre Kleider ab. Und über die Stufen stiegen sie hinab ins Becken, das mit so genanntem „lebendigem Wasser" gefüllt war, also mit fließendem Grundwasser. „Menschen jüdischen Glaubens nutzen die Mikwe nicht, um sich kör-

Rudi Bayerl kniet neben dem kleinen Fenster am Schreiberhaus. Was für ein besonderer Raum sich dahinter verbirgt, war vier Jahrhunderte lang ein Geheimnis.

perlich zu reinigen, sondern rituell", erklärt Bayerl. Mikwen wurden und werden häufig von Frauen benutzt, nachdem sie ein Kind geboren haben, aber auch nach der Menstruation oder am Vorabend der Hochzeit. Auch Männer tauchen im Wasser unter, um sich vor dem Beginn des Schabbats oder vor Feiertagen zu reinigen. Dabei darf nichts den Körper vom Wasser trennen: Kein Lippenstift, kein Make-Up, kein Ehering, keine Kontaktlinse und erst recht keine Kleidung. Für jüdische Frauen ist das Untertauchen in der Mikwe religiöse Pflicht, für Männer ist es nicht vorgeschrieben.

In der Nische legten die Juden vor dem Bad ihre Kleidung ab.

„Wir wissen viel über die Mikwe und ihre Bedeutung für den jüdischen Glauben, aber wir wissen nichts über die Menschen, die das Tauchbecken im Schreiberhaus eingebaut haben", bedauert Rudi Bayerl. Er kann lediglich mutmaßen. „Wir haben die Balken im Haus untersuchen lassen und dabei herausgefunden, dass es um das Jahr 1430 erbaut worden sein muss", erklärt der Kreisheimatpfleger. Über den Erbauer dieses ältesten Bürgerhauses der Stadt sei jedoch nichts bekannt. Ob er Jude war? Vermutlich eher nicht. „Wir gehen davon aus, dass es ein Kaufmann von außerhalb war, der innerhalb der Stadtmauer in dritter Reihe hinter der Marktstraße das Haus gebaut hat. Das muss in der mittelalterlichen Stadt ein herausragendes Bauwerk gewesen sein – im wahrsten Sinne des Wortes", sagt Bayerl.

Vielleicht war der Erbauer ein Mehl- oder Getreidehändler. Dass diese in den Jahrzehnten danach im Schreiberhaus lebten und arbeiteten, ist überliefert. „Ich gehe davon aus, dass einer von ihnen das Haus an einen jüdischen Kaufmann verkauft hat", fährt Rudi Bayerl fort. Es müsse einem reichen jüdischen Bürger gehört haben, schreibt Hans Georg Hirn in seinem Buch über die Neumarkter Juden. Nur die hätten es sich leisten können, in ihren Häusern eine private Mikwe einzubauen. „Die Zeitspanne, in der die Mikwe in Benutzung gewesen sein kann, ist relativ kurz. Das Haus wurde nach 1430 erbaut, doch erst ab 1449 wissen wir von vier jüdischen Familien in der Stadt, die sich nach einer Vertreibung im Jahr 1391 hier angesiedelt haben. Und ab 1555 wurden die Juden wieder aus den pfalzgräflichen Gebieten vertrieben. Es bleiben also nur knapp 100 Jahre, in denen die Mikwe in Gebrauch gewesen sein kann", rechnet Bayerl nach. Für mehr als 300 Jahre waren die Juden aus der Stadt verbannt, die Mikwe stand also unbenutzt im Keller des Schreiberhauses. Spätestens 1610 wurde sie zugeschüttet, stellte der Restaurator bei seinen Untersuchungen fest.

Eine Treppe führte hinunter ins so genannte „lebendige Wasser", das aus fließendem Grundwasser bestand.

„Das war vom nachfolgenden Besitzer vermutlich gar nicht böse gemeint. Er konnte nur mit der Treppe, die in den Boden führt, nichts anfangen", sagt Rudi Bayerl. Fast 400 Jahre lag die Mikwe unberührt und unentdeckt verschüttet unter Lehm und Schutt. Inzwischen gehört sie zu den letzten Spuren jüdischen Lebens in der Stadt.

Heike Thissen

So geht's zum Mikwe-Fenster:

Das Fenster, das die Mikwe seit vielen Jahrhunderten mit Frischluft versorgt, ist an der rechten Seite des Schreiberhauses zu sehen. Es steht in der Bräugasse 19.

Der Druidenstein hat eine ganz besondere Ausstrahlung. Das liegt sowohl an seinem Ruf als keltische Opferstätte als auch an dem Energiezentrum, das auf und unter ihm liegt.

44 Druidenstein

Mystische Kultstätte oder Steinhaufen?

Dieser Ort gehört zu den geheimnisvollsten im Landkreis Schwandorf. Das liegt nicht nur an seinem mysteriösen Namen „Druidenstein" oder seiner idyllischen Lage in einem Wäldchen aus Laubbäumen. Es liegt vor allem auch an den Geschichten, die sich um ihn ranken. Und obwohl sich in den vergangenen 150 Jahren immer wieder einmal Forscher und Heimatpfleger mit ihm beschäftigt haben, ist es noch nicht gelungen, dem imposanten Steinhaufen sein Geheimnis zu entlocken. Ist er eine Opferstätte von Druiden, wie sein Name nahe legt? Ein Versammlungsort für böse weibliche Wesen – die Druden? Was bedeuten die Zeichen an den Seiten des obersten Steinblocks? Und sind die Mulde und die Rinne auf dem darunter liegenden Felsen eingeschlagen worden, um dort Menschen- oder Tieropfer abzulegen und deren Blut ablaufen zu lassen? Mit letzter Gewissheit kann man das immer noch nicht sagen. Vor 1840 ist die Bezeichnung Druidenstein im Ortsteil Kröblitz nirgends zu finden. Erst in jenem Jahr steht sie das erste Mal in einem Liquidationsprotokoll für den damaligen Besitzer des Steinhaufens, Johann Kirchberger. Doch zeitgleich findet sich auch der Name „Drudenstein" in der Uraufnahme für Kröblitz, der ersten Landesvermessung für den Ort.

„Druiden" nannten die keltischen Völker ihre Priester. Sie stammten aus dem Adel und kümmerten sich sowohl um die Rechtsprechung als auch um die Erziehung der Jugend. Vor allem aber pflegten sie religiöse Mythen und waren für Opferhandlungen zuständig, bei denen den Gottheiten unter anderem Menschen dargeboten wurden. Das Word „dru-uid" bedeutete im Urkeltischen so viel wie „eichenkundig". Denn der Kult der Eichen spielte bei den Kelten eine große Rolle. Kreisheimatpfleger Theo Männer hat herausgefunden, dass es in Kröblitz einst einen Eichenhain gegeben hat und eine Flurbezeichnung unweit der Felsformation „Eichenacker" lautete. Das könnte ein Hinweis darauf sein, dass in der Gegend tatsächlich Druiden zu finden waren.

„Sind die Mulde und die Rinne auf dem darunter liegenden Felsen eingeschlagen worden, um dort Menschen- oder Tieropfer abzulegen und deren Blut ablaufen zu lassen?"

„Drud" hingegen stammt aus der germanischen Mythologie und bezeichnet weibliche Gestalten, die meistens Böses im Schilde führen. Zur Nacht sollen sie die Menschen plagen und sich auf Steinen versammeln, die auf Höhen liegen – wie der Druidenstein in Kröblitz.

Dass die meisten derer, die ihn kennen, den Druidenstein für eine keltische Kultstätte halten, liegt vor allem an den beiden Heimatforschern Gustav Dachauer und Georg Dorrer, die im 19. Jahrhundert mehrere Eigenheiten der Felsformation entdeckten, die auf kultische Handlungen hinweisen könnten und daher zu seinem Namen passen.

Sie erkannten in einem der Felsen eine Vertiefung, die aussieht wie ein menschlicher Körper, und eine andere, die als Blutrinne gedient haben könnte. Außerdem dokumentierten sie in den Stein eingeritzte Schriftzeichen. Diese ordnete Dorrer in seiner Stadtchronik dem keltischen Runenalphabet zu und übersetzte: „Dem König Hu bist du mir." Demnach wäre die Formation eine Kultstätte für den Sonnengott „Hu". Die Heimatforscher waren sich sicher: Nur Menschen – nicht die Natur – konnten die Steine so geformt haben.

Ungeachtet dieser Interpretation kam 1911 das Generalkonservatorium der Kunstdenkmale und Altertümer Bayerns zu dem Schluss, dass die Steine und ihre besonderen Formen durch natürliche Erosion gebildet worden waren. 100 Jahre später gehen Forscher davon aus, dass die Wahrheit in der Mitte liegt. Als im Jahr 2006 Rutengänger und Messtechniker den Druidenstein untersuchten, stellten sie fest, dass der so genannte „Opferstein" von Menschenhand aufgeschichtet, der daneben stehende jedoch von der Natur geformt wurde. Was die Untersuchung noch zu Tage förderte: Auf dem Steingebilde treffen sich verschiedene Erdstrahlen und bilden ein „Energiezentrum", außerdem verlaufen zwei Wasseradern unter dem „Druidenstein". Die Kombination aus beidem ist wiederum dafür verantwortlich, dass die Bäume des Waldes auf die Erdenergie reagieren: Etliche von ihnen wachsen gedreht oder krumm, bilden auffallende Baumgabelungen oder streben sogar doppelstämmig gen Himmel.

Da verwundert es eigentlich nicht, dass Menschen schon seit vielen Jahren diesen Ort für einen ganz besonderen halten. Die Antwort auf die Frage, ob sie hier tatsächlich Artgenossen opferten und dem Sonnengott „Hu" huldigten, gibt der Druidenstein allerdings nicht preis.

Heike Thissen

So geht's zum Druidenstein:

Der Druidenstein steht in Neunburg vorm Wald im Ortsteil Kröblitz. Die Straße „Am Druidenstein" ist nach ihm benannt und verläuft in seiner unmittelbaren Nähe.

Hinter Weidenbäumen verborgen steht die Mühle, in der die Müllerin Anna Maria Bayerin lebte.

Ehemalige Mühle
Das Wohnhaus der Regenstaufer Hexe

Die heruntergekommene ehemalige Mühle im Regenstaufer Ortsteil Heilinghausen gibt ein trostloses Bild ab. Hinter Weidenbäumen versteckt steht das verlassene Haus und passt gut zu der Geschichte, die eng mit ihm zusammenhängt. Denn was müssen diese Mauern vor rund 350 Jahren an Verzweiflung miterlebt haben, an flehenden Gebeten und bitteren

Tränen, als die Müllerin Anna Maria Bayerin der Hexerei bezichtigt und hingerichtet wurde!

„Anna Maria hatte die Mühle von ihrem Vater geerbt und kannte sich wohl ziemlich gut aus, wenn es darum ging, Menschen mit Kräutern und Salben zu helfen", erklärt Ortsheimatpfleger Georg Gahr.

Weil die Müllerin, 40 Jahre alt und eine ansehnliche Person, sehr erfolgreich ist mit ihren Heilmitteln, hat sie schon bald einen guten Ruf in der Gegend. Aus Prozessakten im historischen Archiv von Regenstauf aus dem Jahr 1686 geht beispielsweise hervor, dass sie den 70-jährigen Georg Iinhofer aus Wutzldorff von einem krummen Fuß und schlimmen Schmerzen befreit hat – innerhalb eines viertel Jahres und lediglich mit der Behandlung durch Kräuter. Auch der 96 Jahre alte Thomas Widterstorffer, der 36-jährige Thomas Haygl und Regina Widerfferin, 53 Jahre alt, sagen unabhängig voneinander aus, dass die Müllerin sie innerhalb kurzer Zeit von ihren Leiden befreit habe. Dabei betonen alle, dass sie von ihr weder Hexerisches noch Abergläubisches gehört hätten.

„Es kam zum Streit, die beiden beschimpften sich, die eine hieß die andere eine Hexe und schon war ein Hexenprozess in vollem Gange."

Der gute Ruf jedoch soll Anna Maria Bayerin zum Verhängnis werden. Denn seinetwegen kommt auch die reiche Bäuerin Katarina Schwabenbauer mit einer Fußverletzung zu ihr. Anna Maria kann helfen, schon bald ist der Fuß der Patientin wieder geheilt. Doch offensichtlich können sich die beiden Frauen nicht sonderlich gut leiden. „Es kam zum Streit, die beiden beschimpften sich, die eine hieß die andere eine Hexe und schon war ein Hexenprozess in vollem Gange", erklärt Georg Gahr. Man erzähle sich auch, dass eine Liebesgeschichte mit im Spiel gewesen sei und die Müllerin der Schwabenbäuerin den Liebhaber ausgespannt habe. Aus den Prozessakten geht das aber nicht hervor. Trotzdem ist es gut möglich, dass Eifersucht, verschmähte Liebe, Neid und Missgunst, wie so oft bei Hexenprozessen, involviert sind.

Anna Maria Bayerin muss jedenfalls im Laufe des Prozesses feststellen, dass ihr nicht alle so wohl gesonnen sind wie die Menschen, die sie hat heilen können. So sagt ein gewisser Hans Himm aus, dass sie seiner Frau nicht geholfen, sondern deren Leiden vielmehr noch weiter verschlimmert habe. Er behauptet, Anna Maria habe einen Stein, mit dem sie um Mitternacht hellsehen könne und den sie wie einen Schatz in der Erde vergrabe.

Das Verhörprotokoll macht deutlich, dass Anna Maria ihre Unschuld beteuert: Sie verwende keine anderen Heilmittel als Kräuter, besitze keinen verzauberten Stein und wisse nichts von Zauberei und Hexerei. „Hab die Wahrheit gesagt, und nie nichts Böses getan", beschwört sie das Gericht. Es hilft ihr nichts. Die Ankläger wollen ein Geständnis und das bekommen sie auch. Als sie die Folter nicht mehr erträgt, „gesteht" Anna Maria, was man ihr vorwirft, was aber nicht stimmt, nämlich dass sie Menschen verhext, vergiftet und verkrüppelt habe, weil sie sie nicht leiden konnte. So kommt es, dass sie am 23. Juni 1687 sterben muss. Weil der Richter Gnade walten lässt, tötet der Henker sie mit einem Dolchstoß ins Herz, bevor er ihren Leichnam verbrennt.

Georg Gahr blickt auf das Haus, in dem Anna Maria Bayerin einst lebte, und erklärt: „Das war der bisher einzig bekannte Hexenprozess vor dem Regenstaufer Richter des ehemaligen Fürstentums Pfalz-Neuburg." Doch das dürfte der Familie des Opfers nur ein schwacher Trost gewesen sein.

Heike Thissen

So geht's zu ehemaligen Mühle:

Die ehemalige Mühle steht im Regenstaufer Ortsteil Heilinghausen hinter der Ortseinfahrt auf der rechten Seite.

Aussichtsturm
Einziges Zeichen von großen Plänen

Was für eine hervorragende Idee, hier oben auf dem Schlossberg 96 Meter über dem Ortszentrum einen Aussichtsturm zu errichten! So kann der Besucher hoch über dem üppigen Grün der Bäume den Blick weit über Regenstauf und das Umland schweifen lassen. Das Kuriose: So gut das Bauwerk für einen Rundumblick geeignet ist – dafür war es ursprünglich gar nicht gedacht! „Eigentlich sollte das ein Turm für die Kapelle werden, die hier oben geplant war", verrät Georg Gahr. Doch von besagtem Gotteshaus fehlt jede Spur. „Es ist nie gebaut worden", sagt der Ortsheimatpfleger.

Auf dem Regenstaufer Schlossberg stand seit dem 11. Jahrhundert eine Burg. Die war strategisch günstig gelegen, konnten die Bewohner von hier aus doch sowohl anrückende Feinde als auch sich nähernde Beute leicht ausfindig machen. Als in der Gegend 1504 der Landshuter Erbfolgekrieg tobte, dessen Ausgang darüber entscheiden sollte, wer die Nachfolge von Herzog Georg von Bayern-Landshut (1455–1503) antritt, wurde die Burg weitgehend zerstört. Den Garaus machten ihr im Jahr 1641 Zerstörungen während des Dreißigjährigen Krieges.

„Sie wurde nie wieder aufgebaut, sodass die Regenstaufer Bauern in den rund 350 Jahren danach ihr Vieh hier auf den Weiden grasen ließen", erklärt Gahr. Grasen? Inmitten des dichten Blätterwaldes? „Damals war der Schlossberg ein kahler Bergrücken. Die üppige Vegetation gab es noch nicht." Das ist heute nur schwer vorstellbar! Doch tatsächlich bedurfte es des königlichen Geschichtsschreibers Bernhard Gilles (1822–1877), um aus dem öden Flecken Land eine grüne Insel zu machen. Er sah in dem Bergrücken keine große Weidefläche für Tiere, sondern ein attraktives Naherholungsgebiet für Menschen.

Georg Gahr kennt sich in Regenstauf hervorragend aus.

Vor allem im Winter, wenn die Bäume auf dem Berg keine Blätter tragen, ist der Aussichtsturm von Weitem zu sehen.

Also pflanzte er 1870 die ersten von insgesamt 2000 Bäumen, die schon bald ihre Äste gen Himmel reckten. Die Idee gefiel den Regenstaufern, die im darauffolgenden Jahr den Bergkulturverein gründeten und sich künftig darum kümmerten, dass der Schlossberg nicht öde, sondern grün aussah. Der Verein, der inzwischen „Bergverein Regenstauf" heißt, ist noch heute für den Berg und seine Anlagen zuständig.

„Es sollte zuerst der Glockenturm entstehen und danach die Kapelle."

Als die Bäume gepflanzt waren, sollten Bauwerke folgen. So entstanden 1878 Pläne, dort oben eine Kapelle zu errichten. „Dafür gab es einen Fonds, der sich aus Spenden zusammensetzte", erklärt Gahr. Man schritt zur Tat: Am 12. Oktober 1890 fanden die Vermessungen auf der höchsten Stelle des Berges statt, anhand derer der Bauplatz abgesteckt wurde. „Es sollte zuerst der Glockenturm entstehen und danach die Kapelle", sagt der Ortsheimatpfleger. Und die Pläne gingen noch viel weiter: Von einem Benediktinerkloster und einem Fremdenhotel war später die Rede.

Die großen Pläne scheiterten schlussendlich am Geld, weiß Georg Gahr: „Als der Turm 1891 errichtet war, waren die Kassen des Fonds erst einmal leer. Und mit der einsetzenden Inflation wurden sie nie mehr aufgefüllt." Doch die Regenstaufer machten aus der Not eine Tugend und verwendeten das 22 Meter hohe Bauwerk fortan als Aussichtsturm. Außer im Zweiten Weltkrieg: Da diente es der deutschen Wehrmacht als Funkstation und bekam deswegen bei der Besetzung durch die amerikanischen Truppen einen Treffer ab. Die Renovierung nach dem Krieg nutzten die Regenstaufer und stockten den Turm um drei Meter auf.

So kam der Ort zu einem Wahrzeichen, das von Weitem sichtbar ist und gleichzeitig allen Besuchern den Blick in diese Weite ermöglicht. Jedenfalls so lange, bis die Bäume ringsum den Höhenunterschied aufgeholt haben.

Heike Thissen

So geht's zum Aussichtsturm:

Der Aussichtsturm steht gut sichtbar auf dem Schlossberg in Regenstauf. Autofahrer folgen der beschilderten Fahrstraße über die Schneitweger Straße, Fußgänger nehmen den Kreuzweg, der in der Ortsmitte beginnt.

Stadtarchivarin Petra Vorsatz hat den unscheinbaren Hamster am Weidener Rathaus lieb gewonnen.

47

Hamsterfigur
Vom harten Kampf ums tägliche Brot

Wenn Stadtarchivarin Petra Vorsatz die Stufen zum Weidener Rathaus erklimmt, achtet sie nicht auf den kritisch dreinblickenden Nachtwächter aus Kalkstein, der am Ende der Treppe auf einer Konsole steht. Viel interessanter ist für sie ein winziger Nager zu seinen Füßen, der den meisten Passanten noch nicht einmal auffällt. „Ich finde diesen Hamster einfach niedlich", sagt die Weidenerin und streichelt dem Tier liebevoll über den steinernen Rücken. Doch die Stadtarchivarin weiß, dass der Hamster nicht dort sitzt, um süß auszusehen. Der Nager hält mit seinen Pfoten krampfhaft eine erbeutete Kartoffel fest. „So erinnert er an die Lebensmittelknappheit im Ersten Weltkrieg und den Kampf vieler Weidener um ihr tägliches Brot", erklärt Petra Vorsatz.

Wie dieser Kampf ums tägliche Brot, das Hamstern, aussah, beschreibt der Weidener Historiker Gerhard Bauer sehr anschaulich in seinem Buch über die Stadt im Ersten Weltkrieg: „Bohnen werden von der Zeitung warm empfohlen; sie liefert gleich eine Reihe von Rezepten mit für ‚Weiße Bohnen in saurer Soße, Bohnenbrei, Bohnensuppe, Bohnensalat, Bohnenknödel'", zitiert er. Wolle man eines dieser Bohnengerichte mit Brot hinunterwürgen, so sei dies auch keine große Hilfe, „(...) vor allem seit im Magistrat für die Roggenbrotbereitung ein Mischverhältnis von 75 % Roggenmehl, 15 % Gerstenmehl und 10 % Kartoffelmehl genehmigt wurde", fährt der Autor fort. Sowohl das Brot als auch die Bohnengerichte müssen eine ziemlich trockene und geschmacksneutrale Nahrung gewesen sein.

Doch Petra Vorsatz ist sicher, dass es den Weidenern bei allem Darben und trotz aller Einschränkungen im Ersten Weltkrieg noch vergleichsweise gut erging. „Mitten im ländlichen Gebiet waren Lebensmittel einfacher zu beschaffen als zum Beispiel in Nürnberg oder München", erklärt sie. Dort sei auch schon mal das gute Hochzeitsporzellan aufs Land gewandert und gegen Kartoffeln und Eier eingetauscht worden. Doch gerade die Erdäpfel wurden im Laufe der Kriegsjahre immer rarer – so rar, dass der Magistrat die Bürger immer öfter dazu anhielt, sie durch „Dorschen", also Steckrüben, zu ersetzen. Die Zeitung lieferte zeitgleich Tipps, wie die Weidener Hausfrau selbst erfrorenen Kartoffeln doch noch zu Genießbarkeit verhelfen konnte: Wenn man sie nur lang genug in zehn bis 15 Grad kaltes Wasser einlege und gleich danach mit Schale koche. Das Bier wurde immer dünner, die Milch immer knapper und Essbares immer weniger. Kein Wunder, dass sich die Städter an jedes Nahrungsmittel klammerten wie der Hamster am Rathaus an seine Kartoffel. Und genau aus

Oben steht der Nachtwächter, unter ihm kauert der kleine Hamster mit seiner erbeuteten Kartoffel.

dieser Situation heraus ist er 1915 entstanden: Als der Nürnberger Bildhauer Ferdinand Göschel zusammen mit dem Schwabacher Professor Kittler den Nachtwächter samt Konsole und Hamster aus feinkörnigem Kalkstein formte, war die Not allgegenwärtig und wurde von Tag zu Tag schlimmer. Und doch erinnerten sie mitten im Krieg durch ihre Nachtwächter-Figur an Jahre, die die Weidener Anfang des 20. Jahrhunderts vermutlich bereits als die „gute alte Zeit" bezeichneten.

Dass die Statue am Aufgang zum Rathaus angebracht ist, hat einen guten Grund: Hier war seit jeher das „Wachlokal" des Nachtwächters. Schließlich durfte er während der Arbeitszeit nicht nach Hause und erst recht nicht in eine Bräuschenke gehen. „Der Nachtwächter musste bei Wind und Wetter jede volle Stunde ausrufen und im 60-Minuten-Takt jede Gasse der Innenstadt ablaufen", erklärt Petra Vorsatz. Außerdem habe er den Mauerwächtern auf den Türmen laut zurufen müssen, um zu überprüfen, ob sie anwesend und wach seien. „Das war der Nachtruhe der Weidener sicher nicht gerade förderlich", vermutet die Stadtarchivarin. Der Mann mit dem wetterfesten Schlapphut, dem weiten Mantel, der Hellebarde und dem Signalhorn sollte nicht nur die Feuergefahr bannen, sondern auch bei nächtlichem Aufruhr und Streitigkeiten für Ruhe und Frieden sorgen. Außerdem sollte er auf den Besitz der Bürger aufpassen, vor allem auf das Holz, das diese vor ihren Häusern gelagert hatten. „Das ist in einer Dienstordnung, die von 1562 bis 1588 galt, festgehalten", erzählt Petra Vorsatz.

Ende des 19. Jahrhunderts veränderten sich die Aufgaben des Nachtwächters grundlegend. „Er war von da an als Laternenwächter im Einsatz, der für die Gasbeleuchtung der Stadt zuständig war", hat die Weidener Stadtarchivarin herausgefunden. Auch diese Zeiten sind längst vergangen. Und dennoch erinnert die Figur am Rathaus noch heute an die ersten Jahre des 20. Jahrhunderts. Und mit ihm der kleine Nager zu seinen Füßen.

Heike Thissen

So geht's zur Hamsterfigur:

Die Hamsterfigur befindet sich am Sockel der Nachtwächterfigur am oberen Treppenabsatz des Weidener Rathauses.

Der Pflasterstein erinnert an die Stelle, wo die größte Kirchenglocke 1759 auf dem Boden aufschlug.

48 Pflasterstein
Eine Glocke geht auf Reisen

Wer achtet schon auf Pflastersteine? Kaum jemand! Erst recht nicht in der historischen Altstadt von Weiden, wo sich Tausende behauene Klötzchen zu einem flächendeckenden Kopfsteinpflaster zusammenfügen. Doch es gibt einen, der es wert ist, beachtet zu werden. Er ist nicht nur wesentlich größer als die anderen, sondern trägt zudem eine Jahreszahl, die in unmittelbarem Bezug zu der benachbarten Kirche St. Michael steht. Der Stein erinnert daran, dass die Weidener 1759 in einer Märznacht für einen kurzen Moment dachten, ihnen würde der Himmel auf den Kopf fallen – als nämlich der Kirchturm in sich zusammenbrach. „Es gab schon in den Jahren vor 1759 Überlegungen, ob der Kirchturm von St. Michael nicht besser saniert oder sogar abgerissen werden sollte. Es waren wohl bereits deutliche Risse im Gemäuer zu erkennen", erzählt die Weidener Stadtarchivarin Petra Vorsatz.

Doch die Gutachter sind sich uneins. Der angesehene Baumeister Johann Rampin zu Bernau empfiehlt den Fortbestand des Turmes und behauptet, dass der Turm über „Menschenslebenszeit" stehen bleiben würde, es sei denn, ein großes Erdbeben erschüttere die Stadt. 1756 mahnen Weidener Handwerksmeister dennoch zur Vorsicht. Zwei Maurermeister aus Amberg bestätigen deren Vermutung: Der Turm stehe nur noch wegen seiner Verbindung mit der Kirchenmauer und müsse unbedingt abgetragen werden. Doch die Weidener hören nicht auf sie, sondern auf den Maurermeister Sebastian Reger aus Sulzbach. Der bürgt nach eingehender Untersuchung mit seinem Leben dafür, dass kein Einsturz zu befürchten sei. „Zu seinem Glück kam der Mann aus Sulzbach und nicht aus Weiden, sonst hätte ihm Böses geblüht", sagt Petra Vorsatz. Denn in der Nacht vom 7. auf den 8. März 1759 stürzt gegen 1.30 Uhr unter lautem Ächzen und Krachen der alte Kirchturm ein. Dabei begräbt er den Türmer Johann Martin Peuerl und die Gesellen Johann Paul Elter und Georg Josef Mertha unter seinen Trümmern und zerstört den Chor mit dem Hauptaltar und den rechten Seitenaltar. Die vier Glocken fallen auf den Kirchplatz und in die Schulgasse. „Man muss

> „Zu seinem Glück kam der Mann aus Sulzbach und nicht aus Weiden, sonst hätte ihm Böses geblüht."

sich fast wundern, dass nicht noch mehr passiert ist", kommentiert die Stadtarchivarin. Doch zu so später Stunde sind die Weidener im Bett und schlafen, mit Ausnahme des Nachtwächters, der in der Schreckensnacht als Erster an der Unglücksstelle ankommt. Dann gehen überall in der Innenstadt die Lichter an und die Leute kommen angerannt, um zu sehen, was den schaurigen Lärm verursacht hat.

Dort, wo heute der Pflasterstein mit der Jahreszahl im Boden eingelassen ist, finden sie die größte Kirchturmglocke, die im Jahr 1540 gegossen worden war. „Sie war fast unbeschädigt, nur die Krone war kaputt", staunt die Stadtarchivarin. Während der Schlossermeister Johann Christoph Haberl die Glocke in kurzer Zeit repariert, dauert es bis 1761, bis in der St. Michaelskirche wieder Gottesdienste stattfinden. Doch die „Reise" vom Kirchturm hinab auf den Kirchhof ist nicht die letzte, die die große Glocke von St. Michael unternimmt.

„Im Zweiten Weltkrieg wurde die Glocke dann auf Befehl des Regimes zusammen mit den anderen vom Turm herabgeholt, um sie einschmelzen zu lassen. Daraus sollte dann Munition werden", erklärt Petra Vorsatz. Im Gegensatz zu den anderen Glocken sei die große jedoch diesem Schicksal entgangen. „Nach dem Ende des Krieges wurde sie auf dem Hamburger Glockenfriedhof wiedergefunden und eindeutig als die Weidener Glocke identifiziert." Am 22. Juni 1947 kehrte sie aus der Hansestadt in ihre oberpfälzische Heimat zurück. „In einem wahren Triumphzug, an dem sich die gesamte Bevölkerung und vor allem die evangelische Schuljugend beteiligte, wurde sie wieder heimgebracht", schreibt Helene Hoffmann in einem Beitrag über die St. Michaelskirche über jenen Tag. „Da stand sie nun, mit Blumen bekränzt und mit Blumen geschmückten Mädchen umgeben auf dem Marktplatz vor dem Rathaus und konnte mit ihren Schilden und Wappen aus nächster Nähe bewundert werden."

St. Michael wurde 1759 stark beschädigt: Der Vorgänger dieses Kirchturms hatte bei seinem Einsturz eine Ecke des Dachs zertrümmert und den Kirchenraum verwüstet.

Längst läutet die große Glocke nicht mehr allein vom Kirchturm, den die Weidener in den Jahren nach 1759 wiederaufgebaut haben. „Aber", schließt Petra Vorsatz die Geschichte, „sie ist die einzige unter den vier Glocken, die bereits mehrmals auf Reisen war."

Heike Thissen

So geht's zum Pflasterstein:

Der Pflasterstein, der an den Turmeinsturz von 1759 erinnert, befindet sich neben der Kirche St. Michael auf Höhe der Ölbergkapelle, dort, wo die Schulgasse in den Oberen Markt mündet.

Der Schriftzug „Schärtel" erinnert an eine ehemalige Metzgerei, für deren Leberkässemmeln der Komponist und Dirigent Max Reger schwärmte.

49

Schärtel-Schriftzug
Leberkässemmeln für Max Reger

An vielen Stellen in der Stadt erinnert Weiden an den Komponisten und Dirigenten Max Reger. Es gibt die Max-Reger-Halle, die Max-Reger-Schule und den Max-Reger-Park, die Stadt organisiert die Max-Reger-Tage und verleiht außerdem die Max-Reger-Medaille. Der bekannteste Sohn der Stadt ist allgegenwärtig. Doch dass auch ein alter Schriftzug in der Innenstadt etwas mit Max Reger zu tun hat, das wissen außer Stadtarchivarin Petra Vorsatz die allerwenigsten. „Der Schriftzug erinnert an die ehemalige Metzgerei der Familie Schärtel, die hier ihren Laden hatte", erklärt Petra Vorsatz. „Das war der Leib- und Magenmetzger von Max Reger. Von hier aus hat er sich Wurst nachschicken lassen, als er schon längst nicht mehr in Weiden lebte." Die weiße Schrift auf blass-gelbem Hintergrund ist zwischen Erdgeschoss und erstem Stock am Erker eines Gebäudes angebracht, in dem sich heute ein Eiscafé befindet. Vor allem Schärtels Leberkässemmeln hatten es dem Komponisten und Dirigenten wohl angetan. Das bezeugen entsprechende handschriftliche Bestellungen im Stadtarchiv.

Schärtels Wurstwaren lernt Max Reger (1873–1916) schon als Kind kennen, weil er in Weiden aufwächst. Dort erhält er von seinem Vater, dem Dorfschullehrer Joseph Reger (1847–1905), und seiner Mutter Philomena (1852–1911) seinen ersten Musikunterricht. Schon in jungen Jahren steht für ihn der Berufswusch „Musiker" fest. Als 15-Jähriger komponiert er sein erstes Werk. Trotzdem wollen die Eltern eigentlich, dass er Lehrer wird. Doch schnell wird klar: Max hat seinen ganz eigenen Kopf und einen starken Willen. Also setzt er gegen seinen Vater seinen Traumberuf durch. Weil er aber aus bescheidenen Verhältnissen stammt, muss Max Reger sich das Kompositions- und Klavierstudium selbst verdienen.

Doch eine Alternative gibt es für ihn nicht: „Reger hat seine musikalische Begabung als Verpflichtung begriffen, etwas daraus zu machen", erklärt Petra Vorsatz. Also beschäftigt er sich intensiv mit den Werken von Johann Sebastian Bach (1685–1750) und bringt sich selbst innerhalb kürzester Zeit eine hervorragende Kompositionstechnik bei. Außerdem wird er schnell ein Experte, was die musikalische Tradition angeht. Sein Musikstudium in Sondershausen und Wiesbaden hilft ihm dabei. Doch trotz seines umfassenden Wissens ist sein Start ins Komponistenleben holprig und von Rückschlägen gezeichnet. Petra Vorsatz weiß, warum: „Seine ersten Werke gelten als unspielbar und kompliziert. Sie werden vom Publikum nicht beachtet." Reger, Künstler durch und durch, lässt sich von seinem Weg nicht abbringen. Im Gegenteil: Seine Enttäuschung nutzt er als Energiequelle für neue Kompositionen. „Es hilft aber nichts. 1898 kehrt er nach seiner Militärzeit in sein Elternhaus nach Weiden zurück, enttäuscht und hochverschuldet", sagt die Stadtarchivarin.

So unscheinbar der Schriftzug, so interessant die Geschichte, die damit verbunden ist.

„Das Schwein und der Künstler haben gemeinsam, dass sie erst nach ihrem Tod geschätzt werden", hat Reger in jüngeren Jahren einmal gesagt. Jahrelang ist er davon überzeugt, dass dieser Satz auch für ihn gilt. Doch da liegt er falsch: Nach drei frustrierenden, aber sehr schaffensreichen Jahren in Weiden leitet er 1901 die Kehrtwende in seinem Leben ein. Er zieht nach München, wo er sich mehr Inspiration für sein musikalisches Schaffen erhofft – und offensichtlich auch findet. Im

Jahr darauf heiratet er, der mittellose Katholik, die drei Jahre ältere Elsa von Bercken (1870–1951), geschiedene Protestantin aus Offizierskreisen. Dafür exkommuniziert ihn die katholische Kirche – was ihn wenig beeindruckt. Jahrelang hat er um Elsa geworben, jetzt ist er am Ziel angekommen – jedenfalls, was die Liebe angeht. Dass sie trotz seiner Depressionen, seiner Schulden, seiner Arbeitswut und seiner Ängste zu ihm hält, ist wohl ihr größter Liebesbeweis. Sie hält ihm den Rücken frei, sodass Reger von München aus als Komponist und Pianist Bekanntheit erlangen kann, nicht nur in Bayern und Deutschland, sondern in ganz Europa. Dennoch ist und bleibt er ein streitbarer Charakter. Mit seinen Kollegen an der Königlichen Akademie der Tonkunst in München, wo er seit 1905 lehrt, überwirft er sich beispielsweise bereits im ersten Jahr und verlässt das Institut schnell wieder.

„1907 geht er dann ans Konservatorium nach Leipzig. Und schon bald gilt er als wichtigster Repräsentant der deutschen Musik neben Richard Strauss", beschreibt Petra Vorsatz seine Karriere. Und als solcher ist er schwer beschäftigt. Er ist Universitätsmusikdirektor in Leipzig, später Hofkapellmeister in Meiningen. Trotzdem komponiert er unverdrossen weiter und macht viele Konzertreisen. Sein Leben widmet er seinen immer ehrgeizigeren beruflichen Plänen und seinem kaum zu bewältigenden Arbeitspensum. Eine Pause gönnt er sich selten – dann zum Beispiel, wenn er bei Metzger Schärtel eine Bestellung aufgegeben hat und wieder einmal seine Lieblingswurst essen kann. Als Reger am 11. Mai 1916 im Alter von 43 Jahren an Herzversagen stirbt, hat er mehr als 1000 Werke geschaffen. Viele davon waren schon zu seinen Lebzeiten umstritten und sind es teilweise noch heute. „Aber niemand kann ihm absprechen, dass er für die Orgelmusik Überragendes geleistet hat", verteidigt ihn Petra Vorsatz.

All die Jahre blieb er Schärtels Leberkässemmeln treu. Und vermutlich haben sie auch dann zum leiblichen Wohl des Weidener Wunderkindes beigetragen, wenn dieses es mal wieder nicht leicht mit sich selbst hatte.

Heike Thissen

So geht's zum Schärtel-Schriftzug:

Das Haus mit dem Schärtel-Schriftzug steht am Unteren Markt 4.

Zeigefingerrelief
Ein Konflikt mit weitreichenden Folgen

*Ü*ber Geschmack lässt sich nicht streiten? Das sah der Weidener Stadtpfarrer Max Josef Söllner (1848–1919) im Jahr 1902 aber anders! Denn damals stritt er sehr wohl mit dem Münchner Maler Franz Hofstötter (1871–1958) darum, was schön und was hässlich sei. Dabei ahnte er wohl nicht, dass mehr als 100 Jahre später noch immer ein Relikt in der St. Josefskirche an diesen Disput erinnern würde. Doch nur diejenigen, die Stadtarchivarin Petra Vorsatz darauf hinweist, erkennen es auch: Über dem letzten Bogen vor dem Altarraum auf der rechten Seite ist die Taufe Jesu im Jordan dargestellt. „Darunter ist ein behauener Stein zu sehen, auf dem ein Priester mit tadelndem Zeigefinger auf einen geknickt wirkenden Mann einredet. Der Pfarrer ist Max Josef Söllner, der andere Franz Hofstötter", erklärt die Weidenerin.

Dass es überhaupt zu dem Zwist zwischen Söllner und Hofstätter kam, liegt im Streit zwischen Katholiken und Protestanten begründet. Denn von 1656 bis 1899 gab es in Weiden das so genannte Simultaneum. Beide Konfessionen benutzten mit der St. Michaelskirche ein und dasselbe Gotteshaus für ihre Zwecke, was immer wieder zu Schwierigkeiten und Konflikten führte. Außerdem wuchs die Zahl der Katholiken Ende des 19. Jahrhunderts im Vergleich zu jener der Protestanten so stark, dass ersteren die Kirche bald zu klein wurde. „Also hat es sich der katholische Stadtpfarrer Max Josef Söllner zur Aufgabe gemacht, seiner Gemeinde zu einem eigenen Gotteshaus zu verhelfen", blickt Petra Vorsatz zurück. Unermüdlich warb der Geistliche für das Projekt und sammelte nicht nur Geld-, sondern auch Materialspenden. Damit und mit der Ablöse von 100.000 Mark, die er von den Protestanten dafür erhalten hatte, dass sie die St. Michaelskirche künftig allein nutzen durften, konnte der Bau beginnen. Am 24. Juni 1899 wurde der Grundstein gelegt, im November 1900 konnte Söllner mit seiner Gemeinde in das neue Bauwerk umziehen.

Man muss schon wissen, wo sich das Relieffeld befindet, um es zu entdecken: direkt rechts unter dem Gemälde von der Taufe Jesu.

Doch das Ende des einen Streites – dem zwischen den Konfessionen – war gleichzeitig der Anfang eines anderen: nämlich dem zwischen Söllner und Hofstötter. Die Kirche war nach den Plänen des Münchner Architekten Johann Baptist Schott (1853–1913) im neoromanischen Stil erbaut worden. Die monumentale Fassade mit ihren beiden Türmen, die Rundbögen und Zwerggalerien zeugen noch heute davon. Neoromanisch waren folglich auch die Gemälde in der Hauptapsis, die der Maler Franz Hofstötter, ebenfalls Münchner, im Jahr 1902 realisierte. Doch die Arbeit gefiel Stadtpfarrer Söllner ganz und gar nicht. „Sein Werk fand wenig Gefallen, auch bei mir selbst. Ich fing deshalb an, mit dem hl. Josef ein bißchen zu hadern und ihm des öfteren zu sagen, er hätte mich in dieser wichtigen Sache nicht im Stich lassen sollen", schrieb Söllner in jenen Monaten auf. Er beließ es nicht bei seinen Aufzeichnungen, sondern teilte dem Künstler unmissverständlich mit, dass er mit dessen Arbeit nicht zufrieden sei. Und genau diese Szene ist noch heute hoch über den Köpfen der Gläubigen in der St. Josefskirche zu sehen. Wie der Streit ausging?

Eine lange Geschichte, erzählt in einem einzigen Bild: Pfarrer Max Josef Söllner schimpft mit Maler Franz Hofstötter.

„Hofstötter kam 1904 mit neuen Plänen auf Söllner zu. Darin waren keine neoromanischen Malereien vorgesehen, sondern solche, die der damals modernen Geschmacksrichtung entsprachen. Und das war der Jugendstil", klärt Petra Vorsatz über den Fortgang der Geschichte auf. Söllner stimmte den Entwürfen zu und Hofstötter machte sich von Neuem ans Werk. Zuerst überarbeitete er seine früheren Malereien derart, dass von den alten so gut wie nichts übrig blieb. Außerdem ließ er die drei farbigen Glasfenster in der Apsis entfernen, das mittlere davon vermauern, die beiden anderen verkürzen. Dann verhalf er auch den anderen Teilen des Gotteshauses zu seinem markanten Inneren, wobei der Weidener akademische Maler und Bildhauer Wilhelm Vierling (1885–1974) ihn tatkräftig unterstützte. Vor allem gegen Ende der mehr als zehn Jahre dauernden Arbeiten kümmerte sich Vierling nach den Plänen Hofstötters allein um die Innenausstattung der Kirche.

Heute ist es der Gegensatz zwischen der neoromanischen Architektur und dem Jugendstil im Inneren, der die Faszination der Kirche ausmacht. Vielleicht

„Hofstötter kam 1904 mit neuen Plänen auf Söllner zu. Darin waren keine neoromanischen Malereien vorgesehen, sondern solche, die der damals modernen Geschmacksrichtung entsprachen. Und das war der Jugendstil."

war sich Hofstötter dessen bereits bewusst, als er das Relief mit der Zeigefingerszene unter der Taufe Jesu anbrachte. Im wahren Leben einigte er sich mit Söllner und zusammen schufen sie eine Kirche, die mit Fug und Recht als „Juwel des Jugendstil" bezeichnet wird. Auf dem Relief im Innern des Gotteshauses streiten sie bis heute.

Heike Thissen

So geht's zum Zeigefingerrelief:

Das Relief, das den Priester und den Künstler zeigt, ist direkt unterhalb des Gemäldes von der Taufe Christi im Jordan zu sehen. Dieses ziert die rechte Seite des Hauptchores der St. Josefskirche. Die Kirche steht in der Bürgermeister-Prechtl-Straße.

Literatur, Quellen und Fotos

Arbeitskreis Heimatpflege:
Markt Postbauer-Heng. Seine Geschichte, Geschichten und Ortschaften. Postbauer 2011, S. 32 f.

Bauer, Gerhard:
Weiden 1914–1918. Annäherungen an eine kleine Stadt im „Großen Krieg". Erlangen 2009, S. 298–445.

Bauer, Karl:
Regensburg. Kultur-, Kunst und Alltagsgeschichte. Regensburg 1980, S. 213; 227 f.; 316; 317.

Bauer, Karl:
Regensburg. Kultur-, Kunst und Alltagsgeschichte. Regensburg 2014, S. 20–21; 57 ff.; 72; 102 ff.; 123; 145 ff.; 230; 513; 519–521; 798, 799, 802, 803; 853.

Bayerische Landesteilung.
https://de.wikipedia.org/wiki/Bayerische_Landesteilung. Stand: 26.6.2015.

Behringer, Wolfgang:
Hexenverfolgung in Bayern. Volksmagie, Glaubenseifer und Staatsräson in der Frühen Neuzeit. München 1988, S. 122 ff.

Bernardini, Georg:
Die Geschichte der Schokolade. Auszüge aus dem Buch: Der Schokoladentester. URL: http://de.chclt.net/geschichte-der-schokolade/. Stand: 18.1.2015.

Bismarcktürme:
Die kleine dreieckige Feuersäule. Die Bismarcksäule in Markt Lappersdorf bei Regensburg. URL: www.bismarcktuerme.de/ebene4/bayern/lappersd.html. Stand: 22.04.2015.

Bullemer, Timo:
Daten aus der jüdischen Geschichte der Stadt Cham. URL: www.rijo.homepage.t-online.de/pdf/DE_BY_JU_cham1.pdf. Stand: 12.5.2015.

Deutscher Bundestag, Referat Öffentlichkeitsarbeit:
Fragen an die deutsche Geschichte. Ideen, Kräfte, Entscheidungen. Von 1800 bis zur Gegenwart. Historische Ausstellung im Reichstagsgebäude in Berlin. Katalog, 17. Auflage. Bonn 1993, S. 36, 40.

Dießinger, Herbert; Röper, M.; Wunderer, H.:
„Bausteine aus dem Urmittelmeer." In: Denkmalpflege in Regensburg. Regensburg 2000, S. 157 ff.

Dietz, Karlheinz; Osterhaus, U.; Rickhoff-Pauli, S.; Spindler, K.: Regensburg zur Römerzeit. Regensburg 1979.

Dollacker, Anton: Der Amberger Aufruhr von 1453 und seine Folgen. Amberg 1929, S. 8–33.

Dörner, Dieter: „Das Rätsel um Riefen und Schüsselchen." In: Der Eisengau, Band 44. Amberg 2015.

Familie Nothafft: Ittelhofen. URL: www.nothafft.de/sitze/ittelhofen.htm. Stand: 30.6.2015.

Färber, Sigfrid und Spitta, W.: Regensburg. Regensburg 1979, S. 32.

Feistner, Edith (Hrsg.): Die Steinerne Brücke in Regensburg. Schifffahrtsmuseum Regensburg. Regensburg 2005.

Frahsek, Bernhard: „Gockelbrunnen und Gockelköpfen." In: Arbeitskreis für Flur- und Kleindenkmalforschung in der Oberpfalz e.V. (Hrsg.): Beiträge zur Flur- und Kleindenkmalforschung in der Oberpfalz, 33. Jahrgang. Regensburg 2010, S. 146–154.

Freitag, Matthias: Regensburger Straßennamen. Von Abensstraße bis Zwerchpaintstraße. Regensburg 1997, S. 72; 142.

Friedl, Joachim: „Das Zantkreuz und die Zant. Der Vitusbach." In: Geschichts- und Kulturverein Regensburg-Kumpfmühl e.V. (Hrsg.): Wissenswertes zu Geschichte und Kultur aus Regensburg-Kumpfmühl, Bd. 2. Regensburg 2013, S. 10–45.

Fuchs, Friedrich: Der Dom St. Peter in Regensburg. Regensburg 2010.

Fuchs, Peter: „Philipp der Aufrichtige." In: Neue Deutsche Biographie. Band 20. München 2001, S. 382 f. Onlinefassung: URL: www.deutsche-biographie.de/pnd119557843.html. Stand: 15.5.2015.

Fürnrohr, Walter: Der Immerwährende Reichstag zu Regensburg. Das Parlament des Alten Reiches. Kallmünz 1987.

Gemeinde Ittelhofen: Die Gründung von Ittelhofen. URL: www.ittelhofen.de/chronik/fruehgeschichte/index.html. Stand: 1.7.2015.

Genesis, Marita:
So grausam starben Schwerverbrecher im Mittelalter. URL: www.focus.de/wissen/experten/genesis/die-mittelalterliche-foltermethode-desraederns-wie-viele-menschen-wurden-mit-dem-rad-hingerichtet_id_3711465.html. Stand: 6.5.2015.

Gröschler, Stephan:
Genauere Untersuchung des Druidenstein Kröblitz. URL: www.kraftvolle-orte.de/2011/01/genauere-untersuchung-des-druidenstein-kroeblitz/. Stand: 30.6.2015.

Gumpelzhaimer, Christian G.:
Regensburg's Geschichte, Sagen und Merkwürdigkeiten: von den ältesten bis auf die neuesten Zeiten. Regensburg 1838, S. 11; 84 ff.

Hammer, Johann W.; Loeffler, P.:
Regensburger Straßennamen. Hundsumkehr & Roter Fleck. Regensburg 1989, S. 7.

Hämmerle, Josef:
Das Bistum Augsburg: Die Benediktinerabtei Benediktbeuren. Berlin 1991, S. 33.

Heil, Dietmar:
Kölner Schiedsspruch, 30. Juli 1505. URL: www.historisches-lexikon-bayerns.de/artikel/artikel_45743. Stand: 29.6.2015.

Heßberg, Hanns Freiherr von und zu:
„Eppelein von Gailingen." In: Jahrbuch für fränkische Landesforschung, Bd. 40. Erlangen 1980, S. 9–13.

Hirn, Hans Georg:
Jüdisches Leben in Neumarkt und Sulzbürg. Neumarkter Historische Beiträge, Band 12. Neumarkt 2011, S. 20–41.

Hoffmann, Helene:
Die Michaelskirche. Weidener Heimatkundliche Arbeiten, Nr. 5. Weiden 1961, S. 24–29.

Hösl, Sibylle:
Vom Kramwinkel zum Entengang. Alte Regensburger Straßennamen und ihre Deutung. Regensburg 2007, S. 97.

Jordan, Karl:
Investiturstreit und frühe Stauferzeit 1056–1197. Gebhardt, Handbuch der deutschen Geschichte Bd. 4, 2. Auflage. Stuttgart 1975, S. 128.

Jüdisches Europa:
Von Tumah zu Tahara. Die Mikwe im Wandel der Zeit. URL: www.juedisches-europa.net/archiv/3-2012/die-mikwe-im-wandel-der-zeit. Stand: 18.5.2015.

Karl, Michaela:
Lieber bayrisch sterben, als kaiserlich verderben: Der Bauernaufstand von 1705/06. URL: www.literaturportal-bayern.de/themen?task=lpbtheme.default&id=579. Stand: 7.5.2015.

Kemmeter, Gerhard:
„Kapelle am Schlossberg?" In: Markt Regenstauf: Historisches, Behördenwegweiser, soziale Einrichtungen. Regenstauf 2008, S. 34.

Koch-Kranz, Swantje:
„Elsa Reger." In: Frauen Biographieforschung. URL: www.fembio.org/biographie.php/frau/biographie/elsa-reger. Stand: 18.5.2015.

Kraus, Andreas:
Grundzüge der Geschichte Bayerns. 2. Auflage Darmstadt 1992, S. 141.

Landesbildungsserver Baden-Württemberg:
Das Gleichnis von den klugen und den törichten Jungfrauen. URL: www.schule-bw.de/unterricht/faecheruebergreifende_themen/landeskunde/material/ba_wue/staetten/ausserhalb/strassburg/didaktik/muenster_jungfrauen.htm. Stand: 6.7.2015.

Landesverband der Israelitischen Kultusgemeinden in Bayern:
Geschlossene und verwaiste jüdische Friedhöfe in Bayern. Cham/Oberpfalz. URL: http://ikg-bayern.de/rsfr_1.html. Stand: 12.5.2015.

Landkreis Amberg-Sulzbach (Hrsg.):
Kirchenführer. Amberg o. A.

Laschinger, Johannes:
Amberg. Die kurfürstliche Haupt- und Regierungsstadt der oberen Pfalz. Amberg 2000.

Lückerath, Carl August:
„Ludwig IV." In: Neue Deutsche Biographie. Band 15. München 1987, S. 411 f. Onlinefassung: URL: www.deutsche-biographie.de/sfz57502.html. Stand: 15.5.2015.

Marktgemeinde Regenstauf:
Eine Chronik. Geschichte und Geschichten. Regenstauf 2014, S. 269 f.

Markt Regenstauf, Historisches Archiv:
Acta die zwischen Anna Maria Bayerin Müllerin und Katharina Schwabenbäuerin vorgangene Hexerey Bezichtigung betreffend. Unveröffentlichtes Skript. Regenstauf 1686.

Markt Regenstauf:
Der Schlossberg Regenstauf. Regenstauf o. A.

Max-Reger-Institut:
Max Reger Biografie. URL: www.max-reger-institut.de/de/bio.php. Stand: 18.5.2015.

Meier, Hans:
„Zwischen Handwerk und Industrie: Martin Hauers Filzfabrik." In: ders.: Neumarkter Stadtgeschichten. Gesammelte Aufsätze. Neumarkter Historische Beiträge, Band 3. Neumarkt 2000, S. 26 ff.

Mittelbayerische Zeitung vom 12.6.2006, 23.10.2014.

Oberbayerisches Volksblatt vom 9.12.2014.

Oberpfälzer Seenland:
Naturdenkmal Druidenstein bei Kröblitz. URL: www.oberpfaelzerseenland.de/verzeichnis/objekt.php?mandat=110788. Stand: 1.7.2015.

Ökumenisches Heiligenlexikon:
Erhard von Regensburg. URL: www.heiligenlexikon.de/BiographienE/Erhard_von_Regensburg.htm. Stand: 28.1.2015.

Ökumenisches Heiligenlexikon:
Katharina von Alexandrien. URL: www.heiligenlexikon.de/BiographienK/Katharina_von_Alexandria.htm. Stand: 8.6.2015.

Oestreich, Gerhard:
Verfassungsgeschichte vom Ende des Mittelalters bis zum Ende des alten Reiches. In: Gebhardt Handbuch der deutschen Geschichte, Bd. 11. München 1974.

Ottokar von Böhmen. URL: www.deggendorf.de/index.php?id=351. Stand: 7.6.2015.

Pfarrei St. Josef:
Zur Geschichte der Pfarrkirche St. Josef. URL: www.weiden-st-josef.de/st-josef.html. Stand: 2.6.2015.

Pfarrei St. Martin Amberg:
Schulkirche. URL: www.amberg-st-martin.de/pages/ueber-die-kirchen/schulkirche.php. Stand: 15.5.2015.

Popp, Susanne:
„Reger, Johannes Joseph Max." In: Neue Deutsche Biographie. Band 21. München 2003, S. 261 ff. Onlinefassung: URL: www.deutsche-biographie.de/ppn118598988.html. Stand: 18.5.2015.

Pralinen-Portal:
Geschichte der Praline. URL: www.pralinen-portal.de/pralinen/geschichte-der-praline/. Stand: 18.1.2015.

Robl, Werner:
Holnstein im Tal der Weißen Laber. Berching 2015 (vorläufige Version). URL: www.robl.de/holnstein/holnstein.html. Stand: 22.5.2015.

Sauser, Ekkart:
„Erhard: hl. Bischof von Regensburg." In: Biographisch-Bibliographisches Kirchenlexikon (BBKL). Band 15. Herzberg 1999, Sp. 525–526.

Schäffer, Jacob Christian Gottlieb von:
Versuch einer medicinischen Ortbeschreibung der Stadt Regensburg. Digitalisierte Version.

Schmid, Peter (Hrsg.):
Geschichte der Stadt Regensburg. 2 Bände. Regensburg 2000.

Schneeberger, Günter; Wolfsteiner, A.:
Waldkirchen genannt Petersberg. Geschichte der Pfarrei und Berichte aus dem Leben von Geistlichkeit und Pfarrvolk. Waldkirchen 1994, S. 74–81, S. 96 ff.

Schultheiß, Werner:
„Gailing, Eppelein." In: Neue Deutsche Biographie, Band 6. Berlin 1964, S. 39.

Seele, Sieglinde:
Lexikon der Bismarck-Denkmäler. Petersberg 2005, S. 242 f.

Simmerl, Regina:
„Der Stifteraltar des Johann Baptista von Taxis von 1540." In: Vieles dort ist Jahrhunderte alt und doch strahlt alles neu – Beiträge zu Geschichte und Kunst des Fürstlichen Hauses Thurn und Taxis. Thurn und Taxis Studien NF 3. Regensburg 2013, S.161–188.

Stadt Cham:
Museum SPUR. URL: www.cham.de/Kultur-Freizeit/Kultur/Galerien-Museen/Museum-SPUR. Stand: 15.5.2015.

Stadtmission Regensburg:
Freie Stadt und Reichsstadt. URL: www.stadtmission-regensburg.de/geschichte/freie-stadt-und-reichsstadt/index.php. Stand: 4.5.2015.

Stadt Regensburg:
Historische Stadtentwicklung. URL: https://www.regensburg.de/welterbe/welterbestaette/die-entwicklung-zu-einer-welterbestadt/historische-stadtentwicklung. Stand: 4.5.2015.

Stadt Regensburg: Ohne Regensburg kein Europa. Regensburg 2013.

Testament, Altes: Jesaja 60, 19–20.

Testament, Neues: Matthäusevangelium. Kapitel 25, Vers 1–13; Offenbarung des Johannes. Kapitel 12, Vers 9.

Thurn und Taxis Post.
URL: http://de.wikipedia.org/wiki/Thurn-und-Taxis-Post.
Stand: 12.6.2015.

Vorsatz, Petra:
Die Nachtwächter in Weiden. Unveröffentlichtes Manuskript. Weiden o. A.

Vorsatz, Petra:
Zur Geschichte der katholischen Stadtpfarrkirche St. Josef.
Unveröffentlichtes Manuskript. Weiden o. A.

Wahrig, Gerhard:
Deutsches Wörterbuch. Neuausgabe 1980. Stichwort „Klafter". o.O., o.J., S. 2109.

Weinhold, Karl:
Die heidnische Totenbestattung in Deutschland. Nachdruck der Originalausgabe von 1859. Hamburg 2013, S. 11, 37, 52.

Wiener Stadt- und Landesarchiv:
Wiener Türkenbelagerungen – Stadtgeschichte Wiens. URL: www.wien.gv.at/kultur/archiv/geschichte/ueberblick/festung.html. Stand 4.5.2015.

Wikipedia:
César de Choiseul du Praslin. URL: http://fr.wikipedia.org/wiki/César_de_Choiseul_du_Plessis-Praslin. Stand 18.1.2015.

Wimmer, Friedrich (Hrsg.):
„Der Michaelsturm stürzt ein." In: ders.: Oberpfälzer Heimathefte: In und um Weiden, Nr. 5. Weiden 1960, S. 7 f.

Wolters, Beate:
Das Gelbe vom Ei. Amberger Stadtverführungen. Regensburg 2012.

Wunderlich, Dieter:
Maximilian I. von Habsburg. URL: www.dieterwunderlich.de/kaiser-Maximilian-habsburg.htm. Stand 27.6.2015.

Bildnachweise:
S. 19: Staatliches Bauamt Regensburg.
S. 20: Staatliches Bauamt Regensburg.
S. 37: Stadt Regensburg, Fotograf Stefan Effenhauser.
S. 62: Fürst Thurn und Taxis Zentralarchiv.
S. 86: Fürst Thurn und Taxis Zentralarchiv.
S. 144: mediaunlimited.de/mike-media.

Haftungsausschluss

Trotz intensivem Austausch mit unseren Gesprächspartnern, gewissenhafter Literaturrecherche und aufmerksamem Korrekturlesen erheben wir weder einen Anspruch auf Vollständigkeit noch auf Fehlerlosigkeit. Wir haben streng darauf geachtet, keine Urheberrechte zu verletzen, unsere Recherchen sind nach bestem Wissen und Gewissen erfolgt. Dennoch übernehmen wir keinerlei Gewähr für die Aktualität, Korrektheit oder Vollständigkeit der bereitgestellten Informationen. Haftungsansprüche gegen uns schließen wir grundsätzlich aus.

SIE WOLLEN NOCH MEHR ÜBER
Regensburg und die Oberpfalz
ERFAHREN?

Hier gibt es sachkundige Informationen:

Dieter Dörner
Kreisheimatpfleger Landkreis
Amberg-Sulzbach
Leiter der Regionalgruppe Amberg
des Historischen Vereins
Stadtführungen in Amberg,
Landkreisführungen

Tel: 09621/74465
E-Mail: geschichtsnetzwerk.oberpfalz
@gmx.de

Bernhard Frahsek
Ortsheimatpfleger von Lappersdorf,
2. Vors. und Geschäftsführer des AFO
(Arbeitskreis für Flur- und Kleindenkmalforschung in der Oberpfalz e.V.)

E-Mail: info@afo-regensburg.de
Website: www.afo-regensburg.de

Matthias Freitag, M.A.
Historiker
Stadtführungen zu verschiedenen
Themen aus der Geschichte
von Regensburg

Website: www.matthiasfreitag.com

Georg Gahr und Gerhard Kemmeter
Ortsheimatpfleger
Ortsführungen zu verschiedenen
Themen
Markt Regenstauf (Rathaus)

Bahnhofstraße 15
93128 Regenstauf
Tel: 09402/5090
E-Mail: markt@regenstauf.de

Renate Möllmann
Zertifizierte Dom- und Kirchenführerin,
Gästeführerin in Regensburg und
Umgebung, Pilgerbegleiterin auf dem
Ostbayerischen Jakobsweg,
Führungen durch Stadt und Land

Roter-Brach-Weg 74a | 93049 Regensburg
Tel: 0941/44806848
Mobil: 0162/1952539
E-Mail: fuehrungen@
renate-moellmann.de

Museum SPUR Cham
im ehemaligen Armenhaus
Ausstellungen mit Arbeiten der
Künstlergruppe SPUR (1958–1965)
und heimatgeschichtliche Ausstellungen des Stadtarchivs Cham

Schützenstraße 7 | 93413 Cham
Tel: 09971/40790 oder 09971/78218
E-Mail: cordonhaus@cham.de
Website: www.cham.de

Birgit von Paczensky
Entdeckungsreise mit B.v.P.
Individuelle und spannende Touren
durch die Stadt.

E-Mail: Birgit@
Stadtfuehrungen-Regensburg.de

Stephanie Ruhfaß M.A.
Pralinenführung®:
Regensburg – süß serviert!
Klassische und interaktive
Stadtführungen, Museumsführungen

Tel: 0941/563570
E-Mail: info@stephanie-ruhfass.de
Website: www.stephanie-ruhfass.de

Schottenkirche St. Jakob
Informationen zur Kirche,
zu Führungen, Veranstaltungen und
Publikationen

Tel: 0941/29830
E-Mail: info@
priesterseminar-regensburg.de
Website: www.schottenkirche.de

Stadt Cham – Kultur
Erleben Sie Geschichte pur bei
spannenden Schauspiel-Stadtführungen.
Für Sie lassen wir unsere Vergangenheit lebendig werden!

Marktplatz 2 | 93413 Cham
Tel: 09971/857927
Website: www.cham.de
Tickets unter www.okticket.de

Stadtarchiv Cham
Spitalplatz 22 | 93413 Cham
Tel: 09971/85790
E-Mail: archiv@cham.de
Website: www.cham.de/
Kultur-Freizeit/Kultur/Stadtarchiv

Stadtmuseum mit Max-Reger-Sammlung und Tachauer Heimatmuseum
Präsentiert werden Exponate zu den
Themen Stadtgeschichte, Volkskunde,
Handwerk, Porzellan, Spielzeug, Krippen und zur Geschichte der Heimatkreise Tachau und Pfraumberg.

Schulgasse 3a | 92637 Weiden i. d. Oberpfalz
Tel: 0961/814101, 0961/814102
E-Mail: archiv@weiden.de
Website: www.weiden-oberpfalz.de

Brigitte Terschak / Sbrigit
Familiäre und alternative Stadtführungen mit Blick auf Kleindenkmäler und Alltagsgeschichte. Gästeführungen in und um Regensburg.

Brigitte Terschak-Sbrigit
Wöhrdstrasse 38 | 93059 Regensburg
Tel: 0941/20929893
E-Mail: info@sbrigit.de
Website: www.sbrigit.de

***Tourist-Information
der Stadt Weiden i. d. OPf.***
Stadtführungen zur historischen Altstadt, Genuss- und Erlebnisführungen, auch zu Max Reger, dem großen Sohn der Stadt.

Oberer Markt 1 | 92637 Weiden
Tel: 0961/814131
E-Mail: tourist-information@weiden.de
Website: www.tourismus-weiden.info

Beate Wolters M.A.
Kunsthistorikerin und Stadtheimatpflegerin
Führungen zur Stadt- und Stilgeschichte Ambergs

Tel: 09621/75409
E-Mail: wolters-amberg@t-online.de

Dr. Hansjörg Wunderer
Spannende Informationen zum Untergrund Regensburgs, der Erdgeschichte und den heutigen Naturräumen der Region Ostbayern
Naturkundemuseum Ostbayern
Am Prebrunntor 4
(am Herzogpark) | 93047 Regensburg
Tel: 0941/5073443
Website: www.nmo-regensburg.de

Publikationen:

Bayerl, Rudi; Präger, F.:
Neumarkt in der Oberpfalz.
Reihe Zeitsprünge. Erfurt 2013.

Dörner, Dieter:
Der Eisengau.
URL: www.der-eisengau.de.

Freitag, Matthias:
Kleine Regensburger Stadtgeschichte.
4. Auflage. Regensburg 2011.

Friedl, Joachim:
„Die Burggrafen von Regensburg und ihre Pfalzen." In: Trapp, Eugen (Hg.): Burgen und Schlösser in und um Regensburg (Regensburger Herbstsymposion für Kunst, Geschichte und Denkmalpflege 2012).
Regensburg 2013.

Friedl, Joachim:
„Digital durch das Welterbe –
Der Regensburg | digital CityGuide."
In: Memminger, Josef (Hg.): Überall
Geschichte! Der Lernort
Welterbe – Facetten der Regensburger
Geschichtskultur. Regensburg 2014.

Fuchs, Friedrich:
Der Dom St. Peter in Regensburg.
Regensburg 2010.

Gahr, Georg; Kemmeter, G.:
Regenstauf. Eine Chronik. Geschichte
und Geschichten. Regenstauf 2014.

Ruhfaß, Stefanie:
„Reichstagsmuseum und Fragstatt
im Alten Rathaus in Regensburg." In:
Jahresbericht 2012 der Welterbekoor-
dination. Regensburg 2013.

Stadt Neumarkt i.d.OPf. (Hrsg.):
Neumarkt in der Oberpfalz im
Wandel. Text: Rudi Bayerl und Frank
Präger. Horb am Neckar 2010.

Styra, Peter:
„Dieser glänzende deutsche Hof..." -
250 Jahre Thurn und Taxis in Regensburg. Ausstellungskatalog, hrsg. von
Martin Dallmeier, Manfred Knedlik
und Peter Styra. Regensburg 1998.

Styra, Peter:
„Die Fürsten von Thurn und Taxis
und das Rentamt Meran." In:
Südtiroler Burgeninstitut (Hg.):
Bürgen und Schlösser in Bayern,
Österreich und Südtirol. ARX 2.
Bozen 2006.

Styra, Peter:
Das fürstliche Haus Thurn
und Taxis in Vergangenheit und
Gegenwart – Gesamtgeschichte
mit Stammfolge. Deutsche
Fürstenhäuser 37. Werl 2012.

Styra, Peter:
Eine Karriere durch die Post –
Die Standeserhebungen des Hauses
Thurn und Taxis. Thurn und
Taxis-Studien, Band 4.
Regensburg 2013.

Wolters, Beate:
Das Gelbe vom Ei. Stadtverführungen
in Amberg. Regensburg 2012.

Besuchen Sie uns im Internet: www.buero-bast.de

GEHEIMNISSE DER HEIMAT GIBT ES IN

Aalen und Wasseralfingen
Bad Cannstatt
Bamberg
Bayreuth
Berlin
Rund um den Bodensee
– für Kinder

Esslingen
Friedrichshafen
Donaueschingen,
Bräunlingen und Hüfingen

München
Regensburg
Schwäbisch Gmünd

Villingen-Schwenningen
Würzburg

Schwarzwald – für Kinder
Tübingen
Überlingen Band 1+2

Hamburg
Hannover
Konstanz Band 1+2

ALLE BÜCHER ERHALTEN SIE IM BUCHHANDEL ODER UNTER:
WWW.BUERO-BAST.DE

Spannende Romane
VON DER „GEHEIMNISSE"-AUTORIN EVA-MARIA BAST

Vergissmichnicht

Die Journalistin Alexandra Tuleit stößt auf einen mysteriösen Mordfall, der sich 1980 in Überlingen ereignet hat. Der Täter wurde nie gefasst. Wenig später wird ihre Informantin tot aufgefunden. Zur gleichen Zeit verschwindet in Südfrankreich eine Frau – und die Spuren führen nach Überlingen und Konstanz …

Ein spannender Krimi mit viel Lokalkolorit vor der traumhaften Kulisse des Bodensees.

Eva-Maria Bast, Vergissmichnicht: Der erste Fall für Alexandra Tuleit und Ole Strobehn. 280 Seiten. Gmeiner-Verlag 2012. ISBN: 978-3-8392-1338-4

Tulpentanz

Der junge Geliebte der Firmenchefin Helena Eichenhaun wird am Bodenseeufer tot aufgefunden. Zeitgleich verschwindet in Aalen die Pfeife des Spions – eines Wahrzeichens der Stadt. Alexandra Tuleit und Kommissar Ole Strobehn enthüllen eine unglaubliche Geschichte, die tief in die Vergangenheit führt …

Hochspannung zwischen Aalen und dem Bodensee!

Eva-Maria Bast, Tulpentanz: Der zweite Fall für Alexandra Tuleit und Ole Strobehn. 410 Seiten. Gmeiner-Verlag 2013. ISBN: 978-3-8392-1413-8

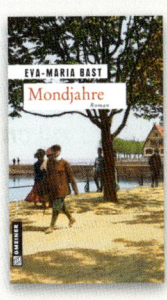

Mondjahre

Deutsches Reich 1914. Johanna, Sophie und Luise sind drei mutige, starke und schöne junge Frauen, die Zukunft liegt verheißungsvoll vor ihnen. Doch dann bricht der Krieg aus und zeigt ihnen das Leben von seiner finstersten Seite. Sophie erwartet ein Kind von einem Franzosen, der jetzt Feind ist, Luise und Johanna geraten in russische Gefangenschaft. Der Krieg verlangt ihnen alles ab. Aber er macht sie auch stärker.

Frauenschicksale in Ostpreußen und am Bodensee.

Eva-Maria Bast, Mondjahre. 466 Seiten. Gmeiner-Verlag 2014. ISBN: 978-3-8392-1545-6

Kornblumenjahre

1923 wird das Ruhrgebiet von Franzosen besetzt. Der Hass gegen sie wächst und die Bevölkerung leidet. Johanna, Luise und Sophie müssen um ihr Glück kämpfen. Am Bodensee wird auf Sophie, Mutter eines Halbfranzosen, ein Anschlag verübt und sie flieht zu Luise ins Ruhrgebiet. Als deren Gatte Siegfried jedoch davon erfährt, bedroht er die Frauen, die in ihrer Verzweiflung eine schreckliche Tat begehen. Und plötzlich begegnet Sophie ihrem einstigen Verlobten, dem Franzosen Pierre, wieder …

Teil II der großen Jahrhundert-Saga.

Eva-Maria Bast, Kornblumenjahre. 441 Seiten. Gmeiner-Verlag 2015. ISBN: 978-3-8392-1694-1